GRöLS Verlage

„BÜCHER SIND WIE FALLSCHIRME. SIE NÜTZEN UNS NICHTS, WENN WIR SIE NICHT ÖFFNEN."

Gröls Verlag

Redaktionelle Hinweise und Impressum

Das vorliegende Werk wurde zugunsten der Authentizität sehr zurückhaltend bearbeitet. So wurden etwa ursprüngliche Rechtschreibfehler *nicht* systematisch behoben, denn kleine Unvollkommenheiten machen das Buch – wie im Übrigen den Menschen – erst authentisch. Mitunter wurden jedoch zum Beispiel Absätze behutsam neu getrennt, um den Lesefluss zu erleichtern.

Um die Texte zu rekonstruieren, werden antiquarische Bücher von Lesegeräten gescannt und dann durch eine Software lesbar gemacht. Der so entstandene Text wird von Menschen gegengelesen und korrigiert – hierbei treten auch Fehler auf. Wenn Sie ebenfalls antiquarische Texte einreichen möchten, finden Sie weitere Informationen auf www.groels.de

Viel Freude bei der Lektüre wünscht Ihnen das Team des Gröls-Verlags.

Adressen

Verleger: Sophia Gröls, Im Borngrund 26, 61440 Oberursel

Externer Dienstleister für Distribution & Herstellung: BoD, In de Tarpen 42, 22848 Norderstedt

Unsere „Edition | Werke der Weltliteratur“ hat den Anspruch, eine der größten und vollständigsten Sammlungen klassischer Literatur in deutscher Sprache zu sein. Nach und nach versammeln wir hier nicht nur die „üblichen Verdächtigen“ von Goethe bis Schiller, sondern auch Kleinode der vergangenen Jahrhunderte, die – zu Unrecht – drohen, in Vergessenheit zu geraten. Wir kultivieren und kuratieren damit einen der wertvollsten Bereiche der abendländischen Kultur. Kleine Auswahl:

Francis Bacon • Neues Organon • **Balzac** • Glanz und Elend der Kurtisanen • **Joachim H. Campe** • Robinson der Jüngere • **Dante Alighieri** • Die Göttliche Komödie • **Daniel Defoe** • Robinson Crusoe • **Charles Dickens** • Oliver Twist • **Denis Diderot** • Jacques der Fatalist • **Fjodor Dostojewski** • Schuld und Sühne • **Arthur Conan Doyle** • Der Hund von Baskerville • **Marie von Ebner-Eschenbach** • Das Gemeindekind • **Elisabeth von Österreich** • Das Poetische Tagebuch • **Friedrich Engels** • Die Lage der arbeitenden Klasse • **Ludwig Feuerbach** • Das Wesen des Christentums • **Johann G. Fichte** • Reden an die deutsche Nation • **Fitzgerald** • Zärtlich ist die Nacht • **Flaubert** • Madame Bovary • **Gorch Fock** • Seefahrt ist not! • **Theodor Fontane** • Effi Briest • **Robert Musil** • Über die Dummheit • **Edgar Wallace** • Der Frosch mit der Maske • **Jakob Wassermann** • Der Fall Maurizius • **Oscar Wilde** • Das Bildnis des Dorian Grey • **Émile Zola** • Germinal • **Stefan Zweig** • Schachnovelle • **Hugo von Hofmannsthal** • Der Tor und der Tod • **Anton Tschechow** • Ein Heiratsantrag • **Arthur Schnitzler** • Reigen • **Friedrich Schiller** • Kabale und Liebe • **Nicolo Machiavelli** • Der Fürst • **Gotthold E. Lessing** • Nathan der Weise • **Augustinus** • Die Bekenntnisse des heiligen Augustinus • **Marcus Aurelius** • Selbstbetrachtungen • **Charles Baudelaire** • Die Blumen des Bösen • **Harriett Stowe** • Onkel Toms Hütte • **Walter Benjamin** • Deutsche Menschen • **Hugo Bettauer** • Die Stadt ohne Juden • **Lewis Caroll** • *und viele mehr….*

Rainer Maria Rilke

Geschichten vom lieben Gott

Inhalt

Das Märchen von den Händen Gottes

Neulich, am Morgen, begegnete mir die Frau Nachbarin. Wir begrüßten uns.

„Was für ein Herbst!" sagte sie nach einer Pause und blickte nach dem Himmel auf. Ich tat desgleichen. Der Morgen war allerdings sehr klar und köstlich für Oktober. Plötzlich fiel mir etwas ein: „Was für ein Herbst!" rief ich und schwenkte ein wenig mit den Händen. Und die Frau Nachbarin nickte beifällig. Ich sah ihr so einen Augenblick zu. Ihr gutes gesundes Gesicht ging so lieb auf und nieder. Es war recht hell, nur um die Lippen und an den Schläfen waren kleine schattige Falten. Woher sie das haben mag? Und da fragte ich ganz unversehens: „Und Ihre kleinen Mädchen?" Die Falten in ihrem Gesicht verschwanden eine Sekunde, zogen sich aber gleich, noch dunkler, zusammen. „Gesund sind sie, Gott sei Dank, aber –"; die Frau Nachbarin setzte sich in Bewegung, und ich schritt jetzt an ihrer Linken, wie es sich gehört. „Wissen Sie, sie sind jetzt beide in dem Alter, die Kinder, wo sie den ganzen Tag fragen. Was, den ganzen Tag, bis in die gerechte Nacht hinein." „Ja," murmelte ich, – „es gibt eine Zeit ..." Sie aber ließ sich nicht stören: „Und nicht etwa: Wohin geht diese Pferdebahn? Wieviel Sterne gibt es? Und ist zehntausend mehr als viel? Noch ganz andere Sachen! Zum Beispiel: Spricht der liebe Gott auch chinesisch? und: Wie sieht der liebe Gott aus? Immer alles vom lieben Gott! Darüber weiß man doch nicht Bescheid –." „Nein, allerdings," stimmte ich bei, „man hat da gewisse Vermutungen ..." „Oder von den Händen vom lieben Gott, was soll man da –"

Ich schaute der Nachbarin in die Augen: „Erlauben Sie," sagte ich recht höflich, „Sie sagten zuletzt die Hände vom lieben Gott – nicht wahr?" Die Nachbarin nickte. Ich glaube, sie war ein wenig erstaunt. „Ja" – beeilte ich mich anzufügen, – „von den Händen ist mir allerdings einiges bekannt. Zufällig" – bemerkte ich rasch, als ich ihre Augen rund werden sah – „ganz zufällig – ich habe – – – nun," schloß ich mit ziemlicher Entschiedenheit, „ich will Ihnen erzählen, was ich weiß. Wenn Sie einen Augenblick Zeit haben, ich begleite Sie bis zu Ihrem Hause, das wird gerade reichen."

„Gerne," sagte sie, als ich sie endlich zu Worte kommen ließ, immer noch erstaunt, „aber wollen Sie nicht vielleicht den Kindern selbst? ..." „Ich den Kindern selbst erzählen? Nein, liebe Frau, das geht nicht, das geht auf keinen Fall. Sehen Sie, ich werde gleich verlegen, wenn ich mit den Kindern sprechen muß. Das ist an sich nicht schlimm. Aber die Kinder könnten meine Verwirrung dahin deuten, daß ich mich lügen fühle ... Und da mir sehr viel an der Wahrhaftigkeit meiner Geschichte liegt – Sie können es den Kindern ja wiedererzählen; Sie treffen es ja gewiß auch viel besser. Sie werden es verknüpfen und ausschmücken, ich werde nur die einfachen Tatsachen in der kürzesten Form berichten. Ja?" „Gut, gut", machte die Nachbarin zerstreut.

Ich dachte nach: „Im Anfang …“ aber ich unterbrach mich sofort. „Ich kann bei Ihnen, Frau Nachbarin, ja manches als bekannt voraussetzen, was ich den Kindern erst erzählen müßte. Zum Beispiel die Schöpfung …“ Es entstand eine ziemliche Pause. Dann: „Ja – – und am siebenten Tage …“, die Stimme der guten Frau war hoch und spitzig. „Halt!“ machte ich, „wir wollen doch auch der früheren Tage gedenken; denn gerade um diese handelt es sich. Also der liebe Gott begann, wie bekannt, seine Arbeit, indem er die Erde machte, diese vom Wasser unterschied und Licht befahl. Dann formte er in bewundernswerter Geschwindigkeit die Dinge, ich meine die großen wirklichen Dinge, als da sind: Felsen, Gebirge, einen Baum und nach diesem Muster viele Bäume.“ Ich hörte hier schon eine Weile lang Schritte hinter uns, die uns nicht überholten und auch nicht zurückblieben. Das störte mich, und ich verwickelte mich in der Schöpfungsgeschichte, als ich folgendermaßen fortfuhr: „Man kann sich diese schnelle und erfolgreiche Tätigkeit nur begreiflich machen, wenn man annimmt, daß eben nach langem, tiefem Nachdenken alles in seinem Kopfe ganz fertig war, ehe er …“ Da endlich waren die Schritte neben uns, und eine nicht gerade angenehme Stimme klebte an uns: „Oh, Sie sprechen wohl von Herrn Schmidt, verzeihen Sie …“ Ich sah ärgerlich nach der Hinzugekommenen, die Frau Nachbarin aber geriet in große Verlegenheit: „Hm,“ hustete sie, „nein – das heißt – ja, – wir sprachen gerade, gewissermaßen –.“ „Was für ein Herbst“, sagte auf einmal die andere Frau, als ob nichts geschehen wäre, und ihr rotes, kleines Gesicht glänzte. „Ja" – hörte ich meine Nachbarin antworten: „Sie haben recht, Frau Hüpfer, ein selten schöner Herbst!" Dann trennten sich die Frauen. Frau Hüpfer kicherte noch: „Und grüßen Sie mir die Kinderchen." Meine gute Nachbarin achtete nicht mehr darauf; sie war doch neugierig, meine Geschichte zu erfahren. Ich aber behauptete mit unbegreiflicher Härte: „Ja, jetzt weiß ich nicht mehr, wo wir stehengeblieben sind." „Sie sagten eben etwas von seinem Kopfe, das heißt –", die Frau Nachbarin wurde ganz rot.

Sie tat mir aufrichtig leid, und so erzählte ich schnell: „Ja, sehen Sie also, solange nur die Dinge gemacht waren, hatte der liebe Gott nicht notwendig, beständig auf die Erde herunterzuschauen. Es konnte sich ja nichts dort begeben. Der Wind ging allerdings schon über die Berge, welche den Wolken, die er schon seit lange kannte, so ähnlich waren, aber den Wipfeln der Bäume wich er noch mit einem gewissen Mißtrauen aus. Und das war dem lieben Gott sehr recht. Die Dinge hat er sozusagen im Schlafe gemacht; allein schon bei den Tieren fing die Arbeit an, ihm interessant zu werden; er neigte sich darüber und zog nur selten die breiten Brauen hoch, um einen Blick auf die Erde zu werfen. Er vergaß sie vollends, als er den Menschen formte. Ich weiß nicht, bei welchem komplizierten Teil des Körpers er gerade angelangt war, als es um ihn rauschte von Flügeln. Ein Engel eilte vorüber und sang: „Der du alles siehst ..."

Der liebe Gott erschrak. Er hatte den Engel in Sünde gebracht, denn eben hatte dieser eine Lüge gesungen. Rasch schaute Gottvater hinunter. Und freilich, da hatte sich schon irgend etwas ereignet, was kaum gutzumachen war. Ein kleiner Vogel irrte, als ob er Angst hätte, über die Erde hin und her, und der liebe Gott war nicht imstande, ihm heimzuhelfen, denn er hatte nicht gesehen, aus welchem Walde das arme Tier gekommen war. Er wurde ganz ärgerlich und sagte: „Die Vögel haben sitzenzubleiben, wo ich sie hingesetzt habe." Aber er erinnerte sich, daß er ihnen auf Fürbitte der Engel Flügel verliehen hatte, damit es auch auf Erden so etwas wie Engel gäbe, und dieser Umstand machte ihn nur noch verdrießlicher. Nun ist gegen solche Zustände des Gemütes nichts so heilsam wie Arbeit. Und mit dem Bau des Menschen beschäftigt, wurde Gott auch rasch wieder froh. Er hatte die Augen der Engel wie Spiegel vor sich, maß darin seine eigenen Züge und bildete langsam und vorsichtig an einer Kugel auf seinem Schoße das erste Gesicht. Die Stirne war ihm gelungen. Viel schwerer wurde es ihm, die beiden Nasenlöcher symmetrisch zu machen. Er bückte sich immer mehr darüber, bis es wieder wehte über ihm; er schaute auf. Derselbe Engel umkreiste ihn; man hörte diesmal keine Hymne, denn in seiner Lüge war dem Knaben die Stimme erloschen, aber an seinem Mund erkannte Gott, daß er immer noch sang: „Der du alles siehst." Zugleich trat der heilige Nikolaus, der bei Gott in besonderer Achtung steht, an ihn heran und sagte durch seinen großen Bart hindurch: „Deine Löwen sitzen ruhig, sie sind recht hochmütige Geschöpfe, das muß ich sagen! Aber ein kleiner Hund läuft ganz am Rande der Erde herum, ein Terrier, siehst du, er wird gleich hinunterfallen.“ Und wirklich merkte der liebe Gott etwas Heiteres, Weißes, wie ein kleines Licht hin und her tanzen in der Gegend von Skandinavien, wo es schon so furchtbar rund ist. Und er wurde recht bös und warf dem heiligen Nikolaus vor, wenn ihm seine Löwen nicht recht seien, so solle er versuchen, auch welche zu machen. Worauf der heilige Nikolaus aus dem Himmel ging und die Türe zuschlug, daß ein Stern herunterfiel, gerade dem Terrier auf den Kopf. Jetzt war das Unglück vollständig, und der liebe Gott mußte sich eingestehen, daß er ganz allein an allem schuld sei, und beschloß, nicht mehr den Blick von der Erde zu rühren. Und so geschah's. Er überließ seinen Händen, welche ja auch weise sind, die Arbeit, und obwohl er recht neugierig war, zu erfahren, wie der Mensch wohl aussehen mochte, starrte er unablässig auf die Erde hinab, auf welcher sich jetzt, wie zum Trotz, nicht ein Blättchen regen wollte. Um doch wenigstens eine kleine Freude zu haben nach aller Plage, hatte er seinen Händen befohlen, ihm den Menschen erst zu zeigen, ehe sie ihn dem Leben ausliefern würden. Wiederholt fragte er, wie Kinder, wenn sie Verstecken spielen: „Schon?“ Aber er hörte als Antwort das Kneten seiner Hände und wartete. Es erschien ihm sehr lange. Da auf einmal sah er etwas durch den Raum fallen, dunkel und in der Richtung, als ob es aus seiner Nähe käme. Von einer bösen Ahnung erfüllt, rief er seine Hände. Sie erschienen ganz von Lehm befleckt, heiß und zitternd.

„Wo ist der Mensch?“ schrie er sie an. Da fuhr die Rechte auf die Linke los: „Du hast ihn losgelassen!“ „Bitte,“ sagte die Linke gereizt, „du wolltest ja alles allein machen, mich ließest du ja überhaupt gar nicht mitreden.“ „Du hättest ihn eben halten müssen!“ Und die Rechte holte aus. Dann aber besann sie sich, und beide Hände sagten einander überholend: „Er war so ungeduldig, der Mensch. Er wollte immer schon leben. Wir können beide nichts dafür, gewiß, wir sind beide unschuldig.“

Der liebe Gott aber war ernstlich böse. Er drängte beide Hände fort; denn sie verstellten ihm die Aussicht über die Erde: „Ich kenne euch nicht mehr, macht, was ihr wollt.“ Das versuchten die Hände auch seither, aber sie können nur beginnen, was sie auch tun. Ohne Gott gibt es keine Vollendung. Und da sind sie es endlich müde geworden. Jetzt knien sie den ganzen Tag und tun Buße, so erzählt man wenigstens. Uns aber erscheint es, als ob Gott ruhte, weil er auf seine Hände böse ist. Es ist immer noch siebenter Tag.“

Ich schwieg einen Augenblick. Das benützte die Frau Nachbarin sehr vernünftig: „Und Sie glauben, daß nie wieder eine Versöhnung zustande kommt?“ „O doch,“ sagte ich, „ich hoffe es wenigstens.“

„Und wann sollte das sein?“

„Nun, bis Gott wissen wird, wie der Mensch, den die Hände gegen seinen Willen losgelassen haben, aussieht.“

Die Frau Nachbarin dachte nach, dann lachte sie: „Aber dazu hätte er doch bloß heruntersehen müssen ...“ „Verzeihen Sie,“ sagte ich artig, „Ihre Bemerkung zeugt von Scharfsinn, aber meine Geschichte ist noch nicht zu Ende. Also, als die Hände beiseitegetreten waren und Gott die Erde wieder überschaute, da war eben wieder eine Minute, oder sagen wir ein Jahrtausend, was ja bekanntlich dasselbe ist, vergangen. Statt eines Menschen gab es schon eine Million. Aber sie waren alle schon in Kleidern. Und da die Mode damals gerade sehr häßlich war und auch die Gesichter arg entstellte, so bekam Gott einen ganz falschen und (ich will es nicht verhehlen) sehr schlechten Begriff von den Menschen.“ „Hm,“ machte die Nachbarin und wollte etwas bemerken. Ich beachtete es nicht, sondern schloß mit starker Betonung: „Und darum ist es dringend notwendig, daß Gott erfährt, wie der Mensch wirklich ist. Freuen wir uns, daß es solche gibt, die es ihm sagen ...“ Die Frau Nachbarin freute sich noch nicht: „Und wer sollte das sein, bitte?“ „Einfach die Kinder und dann und wann auch diejenigen Leute, welche malen, Gedichte schreiben, bauen ...“ „Was denn bauen, Kirchen?“ „Ja, und auch sonst, überhaupt ...“

Die Frau Nachbarin schüttelte langsam den Kopf. Manches erschien ihr doch recht verwunderlich. Wir waren schon über ihr Haus hinausgegangen und kehrten jetzt langsam um. Plötzlich wurde sie sehr lustig und lachte: „Aber, was für ein Unsinn, Gott ist doch auch allwissend. Er hätte ja genau wissen müssen, woher zum Beispiel der kleine Vogel gekommen ist.“ Sie sah mich triumphierend an. Ich war ein bißchen verwirrt, ich muß gestehen. Aber als ich mich gefaßt hatte, gelang es mir, ein überaus ernstes Gesicht zu machen: „Liebe Frau,“ belehrte ich sie, „das ist eigentlich eine Geschichte für sich. Damit Sie aber nicht glauben, das sei nur eine Ausrede von mir (sie verwahrte sich nun natürlich heftig dagegen), will ich Ihnen in Kürze sagen: Gott hat alle Eigenschaften, natürlich. Aber ehe er in die Lage kam, sie auf die Welt – gleichsam – anzuwenden, erschienen sie ihm alle wie eine einzige große Kraft. Ich weiß nicht, ob ich mich deutlich ausdrücke. Aber angesichts der Dinge spezialisierten sich seine Fähigkeiten und wurden bis zu einem gewissen Grade: Pflichten. Er hatte Mühe, sich alle zu merken. Es gibt eben Konflikte. (Nebenbei: das alles sage ich nur Ihnen, und Sie müssen es den Kindern keineswegs wiedererzählen.)“ „Wo denken Sie hin“, beteuerte meine Zuhörerin.

„Sehen Sie, wäre ein Engel vorübergeflogen, singend: „Der du alles weißt“, so wäre alles gut geworden ...“

„Und diese Geschichte wäre überflüssig?“

„Gewiß“, bestätigte ich. Und ich wollte mich verabschieden. „Aber wissen Sie das alles auch ganz bestimmt?“ „Ich weiß es ganz bestimmt“, erwiderte ich fast feierlich. „Da werde ich den Kindern heute zu erzählen haben!“ „Ich würde es gerne anhören dürfen. Leben Sie wohl.“ „Leben Sie wohl“, antwortete sie.

Dann kehrte sie nochmals zurück: „Aber weshalb ist gerade dieser Engel ...“ „Frau Nachbarin,“ sagte ich, indem ich sie unterbrach, „ich merke jetzt, daß Ihre beiden lieben Mädchen gar nicht deshalb soviel fragen, weil sie Kinder sind –“ „Sondern?“ fragte meine Nachbarin neugierig. „Nun, die Ärzte sagen, es gibt gewisse Vererbungen ...“ Meine Frau Nachbarin drohte mir mit dem Finger. Aber wir schieden dennoch als gute Freunde.

Als ich meiner lieben Nachbarin später (übrigens nach ziemlich langer Pause) wieder einmal begegnete, war sie nicht allein, und ich konnte nicht erfahren, ob sie ihren Mädchen meine Geschichte berichtet hätte und mit welchem Erfolg. Über diesen Zweifel klärte mich ein Brief auf, welchen ich kurz darauf empfing. Da ich von dem Absender desselben nicht die Erlaubnis erhalten habe, ihn zu veröffentlichen, so muß ich mich darauf beschränken, zu erzählen, wie er endete, woraus man ohne weiteres erkennen wird, von wem er stammte. Er schloß mit den Worten: „Ich und noch fünf andere Kinder, nämlich, weil ich mit dabei bin.“

Ich antwortete, gleich nach Empfang, folgendes: „Liebe Kinder, daß euch das Märchen von den Händen vom lieben Gott gefallen hat, glaube ich gern; mir gefällt es auch. Aber ich kann trotzdem nicht zu euch kommen. Seid nicht böse deshalb. Wer weiß, ob ich euch gefiele. Ich habe keine schöne Nase, und wenn sie, was bisweilen vorkommt, auch noch ein rotes Pickelchen an der Spitze hat, so würdet ihr die ganze Zeit dieses Pünktchen anschauen und anstaunen und gar nicht hören, was ich ein

Stückchen tiefer unten sage. Auch würdet ihr wahrscheinlich von diesem Pickelchen träumen. Das alles wäre mir gar nicht recht. Ich schlage darum einen anderen Ausweg vor. Wir haben (auch außer der Mutter) eine große Anzahl gemeinsamer Freunde und Bekannte, die nicht Kinder sind. Ihr werdet schon erfahren, welche. Diesen werde ich von Zeit zu Zeit eine Geschichte erzählen, und ihr werdet sie von diesen Vermittlern immer noch schöner empfangen, als ich sie zu gestalten vermöchte. Denn es sind gar große Dichter unter diesen unseren Freunden. Ich werde euch nicht verraten, wovon meine Geschichten handeln werden. Aber, weil euch nichts so sehr beschäftigt und am Herzen liegt wie der liebe Gott, so werde ich an jeder passenden Gelegenheit einfügen, was ich von ihm weiß. Sollte etwas davon nicht richtig sein, so schreibt mir wieder einen schönen Brief, oder laßt es mir durch die Mutter sagen. Denn es ist möglich, daß ich mich an mancher Stelle irre, weil es schon so lange ist, seit ich die schönsten Geschichten erfahren habe, und weil ich seither mir viele habe merken müssen, die nicht so schön sind. Das kommt im Leben so mit. Trotzdem ist das Leben etwas ganz Prächtiges: auch davon wird des öfteren in meinen Geschichten die Rede sein. Damit grüßt euch – Ich, aber auch nur deshalb Einer, weil ich mit dabei bin."

Der fremde Mann

Ein fremder Mann hat mir einen Brief geschrieben. Nicht von Europa schrieb mir der fremde Mann, nicht von Moses, weder von den großen, noch von den kleinen Propheten, nicht vom Kaiser von Rußland oder dem Zaren Iwan, dem Grausen, seinem fürchterlichen Vorfahren. Nicht vom Bürgermeister oder vom Nachbar Flickschuster, nicht von der nahen Stadt, nicht von den fernen Städten; und auch der Wald mit den vielen Rehen, darin ich jeden Morgen mich verliere, kommt in seinem Briefe nicht vor. Er erzählt mir auch nichts von seinem Mütterchen oder von seinen Schwestern, die gewiß längst verheiratet sind. Vielleicht ist auch sein Mütterchen tot; wie könnte es sonst sein, daß ich sie in einem vierseitigen Briefe nirgends erwähnt finde! Er erweist mir ein viel, viel größeres Vertrauen; er macht mich zu seinem Bruder, er spricht mir von seiner Not.

Am Abend kommt der fremde Mann zu mir. Ich zünde keine Lampe an, helfe ihm den Mantel ablegen und bitte ihn, mit mir Tee zu trinken, weil das gerade die Stunde ist, in welcher ich täglich meinen Tee trinke. Und bei so nahen Besuchen muß man sich keinen Zwang auferlegen. Als wir uns schon an den Tisch setzen wollen, bemerke ich, daß mein Gast unruhig ist; sein Gesicht ist voll Angst, und seine Hände zittern. „Richtig," sage ich, „hier ist ein Brief für Sie." Und dann bin ich dabei, den Tee einzugießen. „Nehmen Sie Zucker und vielleicht Zitrone? Ich habe in

Rußland gelernt, den Tee mit Zitrone zu trinken. Wollen Sie versuchen?“ Dann zünde ich eine Lampe an und stelle sie in eine entfernte Ecke, etwas hoch, so daß eigentlich Dämmerung bleibt im Zimmer, nur eine etwas wärmere als früher, eine rötliche. Und da scheint auch das Gesicht meines Gastes sicherer, wärmer und um vieles bekannter zu sein. Ich begrüße ihn noch einmal mit den Worten: „Wissen Sie, ich habe Sie lange erwartet.“ Und ehe der Fremde Zeit hat zu staunen, erkläre ich ihm: „Ich weiß eine Geschichte, welche ich niemandem erzählen mag als Ihnen; fragen Sie mich nicht warum, sagen Sie mir nur, ob Sie bequem sitzen, ob der Tee genug süß ist und ob Sie die Geschichte hören wollen.“ Mein Gast mußte lächeln. Dann antwortete er einfach: „Ja.“ „Auf alles drei: Ja?“ „Auf alles drei.“

Wir lehnten uns beide zugleich in unseren Stühlen zurück, so daß unsere Gesichter schattig wurden. Ich stellte mein Teeglas nieder, freute mich daran, wie goldig der Tee glänzte, vergaß diese Freude langsam wieder und fragte plötzlich: „Erinnern Sie sich noch an den lieben Gott?“

Der Fremde dachte nach. Seine Augen vertieften sich ins Dunkel, und mit den kleinen Lichtpunkten in den Pupillen glichen sie zwei langen Laubengängen in einem Parke, über welchem leuchtend und breit Sommer und Sonne liegt. Auch diese beginnen so, mit runder Dämmerung, dehnen sich in immer engerer Finsternis bis zu einem fernen, schimmernden Punkt: dem jenseitigen Ausgang in einen vielleicht noch viel helleren Tag. Während ich das erkannte, sagte er zögernd und als ob er sich nur ungern seiner Stimme bediente: „Ja, ich erinnere mich noch an Gott.“ „Gut,“ dankte ich ihm, „denn gerade von ihm handelt meine Geschichte. Doch zuerst sagen Sie mir noch: Sprechen Sie bisweilen mit Kindern?“ „Es kommt wohl vor, so im Vorübergehen, wenigstens –“ „Vielleicht ist es Ihnen bekannt, daß Gott infolge eines häßlichen Ungehorsams seiner Hände nicht weiß, wie der fertige Mensch eigentlich aussieht?“ „Das habe ich einmal irgendwo gehört, ich weiß indessen nicht von wem“ – entgegnete mein Gast, und ich sah unbestimmte Erinnerungen über seine Stirn jagen. „Gleichviel,“ störte ich ihn, „hören Sie weiter. Lange Zeit ertrug Gott diese Ungewißheit. Denn seine Geduld ist wie seine Stärke groß. Einmal aber, als dichte Wolken zwischen ihm und der Erde standen viele Tage lang, so daß er kaum mehr wußte, ob er alles: Welt und Menschen und Zeit nicht nur geträumt hatte, rief er seine rechte Hand, die so lange von seinem Angesicht verbannt und verborgen gewesen war in kleinen unwichtigen Werken. Sie eilte bereitwillig herbei; denn sie glaubte, Gott wolle ihr endlich verzeihen. Als Gott sie so vor sich sah in ihrer Schönheit, Jugend und Kraft, war er schon geneigt, ihr zu vergeben. Aber rechtzeitig besann er sich und gebot, ohne hinzusehen: „Du gehst hinunter auf die Erde. Du nimmst die Gestalt an, die du bei den Menschen siehst, und stellst dich, nackt, auf einen Berg, so daß ich dich genau betrachten kann. Sobald du unten ankommst, geh zu einer jungen Frau und sag ihr, aber ganz leise: Ich möchte leben. Es wird zuerst ein kleines Dunkel um dich sein und dann ein großes Dunkel, welches Kindheit heißt, und dann wirst du ein Mann sein und auf den Berg steigen, wie ich es dir befohlen habe. Das alles dauert ja nur einen Augenblick. Leb wohl.“

Die Rechte nahm von der Linken Abschied, gab ihr viele freundliche Namen, ja es wurde sogar behauptet, sie habe sich plötzlich vor ihr verneigt und gesagt: „Du, heiliger Geist.“ Aber schon trat der heilige Paulus herzu, hieb dem lieben Gott die rechte Hand ab, und ein Erzengel fing sie auf und trug sie unter seinem weiten Gewand davon. Gott aber hielt sich mit der Linken die Wunde zu, damit sein Blut nicht über die Sterne ströme und von da in traurigen Tropfen herunterfiele auf die Erde. Eine kurze Zeit später bemerkte Gott, der aufmerksam alle Vorgänge unten betrachtete, daß die Menschen in den eisernen Kleidern sich um einen Berg mehr zu schaffen machten als um alle anderen Berge. Und er erwartete, dort seine Hand hinaufsteigen zu sehen. Aber es kam nur ein Mensch in einem, wie es schien, roten Mantel, welcher etwas schwarzes Schwankendes aufwärts schleppte. In demselben Augenblicke begann Gottes linke Hand, die vor seinem offenen Blute lag, unruhig zu werden, und mit einem Mal verließ sie, ehe Gott es verhindern konnte, ihren Platz und irrte wie wahnsinnig zwischen den Sternen umher und schrie: „O, die arme rechte Hand, und ich kann ihr nicht helfen.“ Dabei zerrte sie an Gottes linkem Arm, an dessen äußerstem Ende sie hing, und bemühte sich loszukommen. Die ganze Erde aber war rot vom Blute Gottes, und man konnte nicht erkennen, was darunter geschah. Damals wäre Gott fast gestorben. Mit letzter Anstrengung rief er seine Rechte zurück; sie kam blaß und bebend und legte sich an ihren Platz wie ein krankes Tier. Aber auch die Linke, die doch schon manches wußte, da sie die rechte Hand Gottes damals unten auf der Erde erkannt hatte, als diese in einem roten Mantel den Berg erstieg, konnte von ihr nicht erfahren, was sich weiter auf diesem Berge begeben hat. Es muß etwas sehr Schreckliches gewesen sein. Denn Gottes Rechte hat sich noch nicht davon erholt, und sie leidet unter ihrer Erinnerung nicht weniger als unter dem alten Zorne Gottes, der ja seinen Händen immer noch nicht verziehen hat.“ Meine Stimme ruhte ein wenig aus. Der Fremde hatte sein Gesicht mit den Händen verhüllt. Lange blieb alles so. Dann sagte der fremde Mann mit einer Stimme, die ich längst kannte: „Und warum haben Sie mir diese Geschichte erzählt?“

„Wer hätte mich sonst verstanden? Sie kommen zu mir ohne Rang, ohne Amt, ohne irgendeine zeitliche Würde, fast ohne Namen. Es war dunkel, als Sie eintraten, allein ich bemerkte in Ihren Zügen eine Ähnlichkeit –“. Der fremde Mann blickte fragend auf. „Ja,“ erwiderte ich seinem stillen Blick, „ich denke oft, vielleicht ist Gottes Hand wieder unterwegs ...“

Die Kinder haben diese Geschichte erfahren, und offenbar wurde sie ihnen so erzählt, daß sie alles verstehen konnten; denn sie haben diese Geschichte lieb.

Warum der liebe Gott will, dass es arme Leute gibt

Die vorangehende Geschichte hat sich so verbreitet, daß der Herr Lehrer mit sehr gekränktem Gesicht auf der Gasse herumgeht. Ich kann das begreifen. Es ist immer schlimm für einen Lehrer, wenn die Kinder plötzlich etwas wissen, was er ihnen nicht erzählt hat. Der Lehrer muß sozusagen das einzige Loch in der Planke sein, durch welches man in den Obstgarten sieht; sind noch andere Löcher da, so drängen sich die Kinder jeden Tag vor einem anderen und werden bald des Ausblicks überhaupt müde. Ich hätte diesen Vergleich nicht hier aufgezeichnet, denn nicht jeder Lehrer ist vielleicht damit einverstanden, ein Loch zu sein; aber der Lehrer, von dem ich rede, mein Nachbar, hat den Vergleich zuerst von mir vernommen und ihn sogar als äußerst treffend bezeichnet. Und sollte auch jemand anderer Meinung sein, die Autorität meines Nachbars ist mir maßgebend.

Er stand vor mir, rückte beständig an seiner Brille und sagte: „Ich weiß nicht, wer den Kindern diese Geschichte erzählt hat, aber es ist jedenfalls unrecht, ihre Phantasie mit solchen ungewöhnlichen Vorstellungen zu überladen und anzuspannen. Es handelt sich um eine Art Märchen –“.

„Ich habe es zufällig erzählen hören“, unterbrach ich ihn. (Dabei log ich nicht, denn seit jenem Abend ist es mir wirklich schon von meiner Frau Nachbarin wiederberichtet worden.) „So“, machte der Lehrer; er fand das leicht erklärlich. „Nun, was sagen Sie dazu?“ Ich zögerte, auch fuhr er sehr schnell fort: „Zunächst finde ich es unrecht, religiöse, besonders biblische Stoffe frei und eigenmächtig zu gebrauchen. Es ist das alles im Katechismus jedenfalls so ausgedrückt, daß es besser nicht gesagt werden kann ...“ Ich wollte etwas bemerken, erinnerte mich aber im letzten Augenblick, daß der Herr Lehrer „zunächst“ gebraucht hatte, daß also jetzt nach der Grammatik und um der Gesundheit des Satzes willen ein „dann“ und vielleicht sogar ein „und endlich“ folgen mußte, ehe ich mir erlauben durfte, etwas anzufügen. So geschah es auch. Ich will, da der Herr Lehrer diesen selben Satz, dessen tadelloser Bau jedem Kenner Freude bereiten wird, auch anderen übermittelt hat, die ihn ebensowenig wie ich vergessen dürften, hier nur noch das aufzeichnen, was hinter dem schönen, vorbereitenden Worte: „Und endlich“ wie das Finale einer Ouvertüre kam. „Und endlich ... (die sehr phantastische Auffassung hingehen lassend) erscheint mir der Stoff gar nicht einmal genügend durchdrungen und nach allen Seiten hin berücksichtigt zu sein. Wenn ich Zeit hätte, Geschichten zu schreiben –“ „Sie vermissen etwas in der bewußten Erzählung?“ konnte ich mich nicht enthalten, ihn zu unterbrechen. „Ja, ich vermisse manches. Vom literarisch-kritischen Standpunkt gewissermaßen.

Wenn ich zu Ihnen als Kollege sprechen darf".

Ich verstand nicht, was er meinte, und sagte bescheiden: „Sie sind zu gütig, aber ich habe nie eine Lehrtätigkeit ..." Plötzlich fiel mir etwas ein, ich brach ab, und er fuhr etwas kühl fort: „Um nur eins zu nennen: es ist nicht anzunehmen, daß Gott (wenn man schon auf den Sinn der Geschichte so weit eingehen will), daß Gott, also – sage ich – daß Gott keinen weiteren Versuch gemacht haben sollte, einen Menschen zu sehen, wie er ist, ich meine –". Jetzt glaubte ich den Herrn Lehrer wieder versöhnen zu müssen. Ich verneigte mich ein wenig und begann: „Es ist allgemein bekannt, daß Sie sich eingehend (und, wenn man so sagen darf, nicht ohne Gegenliebe zu finden) der sozialen Frage genähert haben." Der Herr Lehrer lächelte. „Nun, dann darf ich annehmen, daß, was ich Ihnen im folgenden mitzuteilen gedenke, Ihrem Interesse nicht ganz ferne steht, zumal ich ja auch an Ihre letzte, sehr scharfsinnige Bemerkung anknüpfen kann." Er sah mich erstaunt an: „Sollte Gott etwa ..." „In der Tat," bestätigte ich, „Gott ist eben dabei, einen neuen Versuch zu machen." „Wirklich?" fuhr mich der Lehrer an, „ist das an maßgebender Stelle bekannt geworden?" „Darüber kann ich Ihnen nichts Genaues sagen -" bedauerte ich – „ich bin nicht in Beziehung mit jenen Kreisen, aber wenn Sie dennoch meine kleine Geschichte hören wollen?" „Sie würden mir einen großen Gefallen erweisen." Der Lehrer nahm seine Brille ab und putzte sorgfältig die Gläser, während seine nackten Augen sich schämten.

Ich begann: „Einmal sah der liebe Gott in eine große Stadt. Als ihm von dem vielen Durcheinander die Augen ermüdeten (dazu trugen die Netze mit den elektrischen Drähten nicht wenig bei), beschloß er, seine Blicke auf ein einziges hohes Mietshaus für eine Weile zu beschränken, weil dieses weit weniger anstrengend war. Gleichzeitig erinnerte er sich seines alten Wunsches, einmal einen lebenden Menschen zu sehen, und zu diesem Zwecke tauchten seine Blicke ansteigend in die Fenster der einzelnen Stockwerke. Die Leute im ersten Stockwerke (es war ein reicher Kaufmann mit Familie) waren fast nur Kleider. Nicht nur, daß alle Teile ihres Körpers mit kostbaren Stoffen bedeckt waren, die äußeren Umrisse dieser Kleidung zeigten an vielen Stellen eine solche Form, daß man sah, es konnte kein Körper mehr darunter sein. Im zweiten Stock war es nicht viel besser. Die Leute, welche drei Treppen wohnten, hatten zwar schon bedeutend weniger an, waren aber so schmutzig, daß der liebe Gott nur graue Furchen erkannte und in seiner Güte schon bereit war, zu befehlen, sie möchten fruchtbar werden. Endlich unter dem Dach, in einem schrägen Kämmerchen, fand der liebe Gott einen Mann in einem schlechten Rock, der sich damit beschäftigte, Lehm zu kneten. „Oho, woher hast du das?“ rief er ihn an. Der Mann nahm seine Pfeife gar nicht aus dem Munde und brummte: „Der Teufel weiß woher. Ich wollte, ich wär Schuster geworden. Da sitzt man und plagt sich ...“ Und was der liebe Gott auch fragen mochte, der Mann war schlechter Laune und gab keine Antwort mehr. – Bis er eines Tages einen großen Brief vom Bürgermeister dieser Stadt bekam. Da erzählte er dem lieben Gott, ungefragt, alles. Er hatte so lange keinen Auftrag bekommen. Jetzt, plötzlich, sollte er eine Statue für den Stadtpark machen, und sie sollte heißen: die Wahrheit. Der Künstler arbeitete Tag und Nacht in einem entfernten Atelier, und dem lieben Gott kamen verschiedene alte Erinnerungen, wie er das so sah. Wenn er seinen Händen nicht immer noch böse gewesen wäre, er hätte wohl auch wieder irgendwas begonnen. – Als aber der Tag kam, da die Bildsäule, welche die Wahrheit hieß, hinausgetragen werden sollte, auf ihren Platz in den Garten, wo auch Gott sie hätte sehen können in ihrer Vollendung, da entstand ein großer Skandal, denn eine Kommission von Stadtvätern, Lehrern und anderen einflußreichen Persönlichkeiten hatte verlangt, die Figur müsse erst teilweise bekleidet werden, ehe das Publikum sie zu Gesicht bekäme. Der liebe Gott verstand nicht, weshalb, so laut fluchte der Künstler. Stadtväter, Lehrer und die anderen haben ihn in diese Sünde gebracht, und der liebe Gott wird gewiß an denen – aber Sie husten ja fürchterlich!" „Es geht schon vorüber –" sagte mein Lehrer mit vollkommen klarer Stimme. „Nun, ich habe nur noch ein weniges zu berichten. Der liebe Gott ließ das Mietshaus und den Stadtpark los und wollte seinen Blick schon ganz zurückziehen, wie man eine Angelrute aus dem Wasser zieht, mit einem Schwung, um zu sehen, ob nicht etwas angebissen hat. In diesem Falle hing wirklich etwas daran. Ein ganz kleines Häuschen mit mehreren Menschen drinnen, die alle sehr wenig anhatten, denn sie waren sehr arm. „Das also ist es –," dachte der liebe

Gott, „arm müssen die Menschen sein. Diese hier sind, glaub ich, schon recht arm, aber ich will sie so arm machen, daß sie nicht einmal ein Hemd zum Anziehen haben.“ So nahm sich der liebe Gott vor.“

Hier machte ich beim Sprechen einen Punkt, um anzudeuten, daß ich am Ende sei. Der Herr Lehrer war damit nicht zufrieden; er fand diese Geschichte ebensowenig abgeschlossen und gerundet wie die vorhergehende. „Ja“ – entschuldigte ich mich – „da müßte eben ein Dichter kommen, der zu dieser Geschichte irgendeinen phantastischen Schluß erfindet, denn tatsächlich hat sie noch kein Ende.“ „Wieso?“ machte der Herr Lehrer und schaute mich gespannt an. „Aber, lieber Herr Lehrer,“ erinnerte ich, „wie vergeßlich Sie sind! Sie sind doch selbst im Vorstand des hiesigen Armenvereins …“ „Ja, seit etwa zehn Jahren bin ich das und –?“ „Das ist es eben; Sie und Ihr Verein verhindern den lieben Gott die längste Zeit, sein Ziel zu erreichen. Sie kleiden die Leute –“ „Aber ich bitte Sie,“ sagte der Lehrer bescheiden, „das ist einfach Nächstenliebe. Das ist doch Gott im höchsten Grade wohlgefällig.“ „Ach, davon ist man maßgebenden Orts wohl überzeugt?“ fragte ich arglos. „Natürlich ist man das. Ich habe gerade in meiner Eigenschaft als Vorstandsmitglied des Armenvereins manches Lobende zu hören bekommen. Vertraulich gesagt, man will auch bei der nächsten Beförderung meine Tätigkeit in dieser Weise – – – Sie verstehen?“ Der Herr Lehrer errötete schamhaft. „Ich wünsche Ihnen das Beste“, entgegnete ich. Wir reichten uns die

Hände, und der Herr Lehrer ging mit so stolzen, gemessenen Schritten fort, daß ich überzeugt bin: er ist zu spät in die Schule gekommen.

Wie ich später vernahm, ist ein Teil dieser Geschichte (soweit sie für Kinder paßt) den Kindern doch bekannt geworden. Sollte der Herr Lehrer sie zu Ende gedichtet haben?

Wie der Verrat nach Russland kam

Ich habe noch einen Freund hier in der Nachbarschaft. Das ist ein blonder, lahmer Mann, der seinen Stuhl, winters wie sommers, hart am Fenster hat. Er kann sehr jung aussehen, ja in seinem lauschenden Gesicht ist manchmal etwas Knabenhaftes. Aber es gibt auch Tage, da er altert, die Minuten gehen wie Jahre über ihn, und plötzlich ist er ein Greis, dessen matte Augen das Leben fast schon losgelassen haben. Wir kennen uns lang. Erst haben wir uns immer angesehen, später lächelten wir unwillkürlich, ein Jahr lang grüßten wir einander, und seit Gott weiß wann erzählen wir uns das eine und das andere, wahllos, wie es eben passiert. „Guten Tag", rief er, als ich vorüberkam, und sein Fenster war noch offen in den reichen und stillen Herbst hinaus. „Ich habe Sie lange nicht gesehen."

„Guten Tag, Ewald –". Ich trat an sein Fenster, wie ich immer zu tun pflegte, im Vorübergehen. „Ich war verreist." „Wo waren Sie?" fragte er mit ungeduldigen Augen. „In Rußland." „O so weit" – er lehnte sich zurück, und dann: „Was ist das für ein Land, Rußland? Ein sehr großes, nicht wahr?“ „Ja,“ sagte ich, „groß ist es und außerdem –“ „Habe ich dumm gefragt?“ lächelte Ewald und wurde rot. „Nein, Ewald, im Gegenteil. Da Sie fragen: was ist das für ein Land? wird mir verschiedenes klar. Zum Beispiel woran Rußland grenzt.“ „Im Osten?“ warf mein Freund ein. Ich dachte nach: „Nein.“ „Im Norden?“ forschte der Lahme. „Sehen Sie,“ fiel mir ein, „das Ablesen von der Landkarte hat die Leute verdorben. Dort ist alles plan und eben, und wenn sie die vier Weltgegenden bezeichnet haben, scheint ihnen alles getan. Ein Land ist doch aber kein Atlas. Es hat Berge und Abgründe. Es muß doch auch oben und unten an etwas stoßen.“ „Hm –“ überlegte mein Freund, „Sie haben recht. Woran könnte Rußland an diesen beiden Seiten grenzen?“ Plötzlich sah der Kranke wie ein Knabe aus. „Sie wissen es“, rief ich. „Vielleicht an Gott?“ „Ja,“ bestätigte ich, „an Gott.“ „So“ – nickte mein Freund ganz verständnisvoll. Erst dann kamen ihm einzelne Zweifel: „Ist denn Gott ein Land?“ „Ich glaube nicht,“ erwiderte ich, „aber in den primitiven Sprachen haben viele Dinge denselben Namen. Es ist da wohl ein Reich, das heißt Gott, und der es beherrscht, heißt auch Gott. Einfache Völker können ihr Land und ihren Kaiser oft nicht unterscheiden; beide sind groß und gütig, furchtbar und groß.“

„Ich verstehe“, sagte langsam der Mann am Fenster. „Und merkt man in Rußland diese Nachbarschaft?“ „Man merkt sie bei allen Gelegenheiten.

Der Einfluß Gottes ist sehr mächtig. Wieviel man auch aus Europa bringen mag, die Dinge aus dem Westen sind Steine, sobald sie über die Grenze sind. Mitunter kostbare Steine, aber eben nur für die Reichen, die sogenannten „Gebildeten“, während von drüben aus dem anderen Reich das Brot kommt, wovon das Volk lebt.“ „Das hat das Volk wohl in Überfluß?“ Ich zögerte: „Nein, das ist nicht der Fall, die Einfuhr aus Gott ist durch gewisse Umstände erschwert –“. Ich suchte ihn von diesem Gedanken abzubringen. „Aber man hat vieles aus den Gebräuchen jener breiten Nachbarschaft angenommen. Das ganze Zeremoniell beispielsweise. Man spricht zu dem Zaren ähnlich wie zu Gott.“ „So, man sagt also nicht: Majestät?“ „Nein, man nennt beide Väterchen.“ „Und man kniet vor beiden?“ „Man wirft sich vor beiden nieder, fühlt mit der Stirn den Boden und weint und sagt: „Ich bin sündig, verzeih mir, Väterchen.“ Die Deutschen, welche das sehen, behaupten: eine ganz unwürdige Sklaverei. Ich denke anders darüber. Was soll das Knien bedeuten? Es hat den Sinn zu erklären: Ich habe Ehrfurcht. Dazu genügt es auch, das Haupt zu entblößen, meint der Deutsche. Nun ja, der Gruß, die Verbeugung, gewissermaßen sind auch sie Ausdrücke dafür, Abkürzungen, die entstanden sind in den Ländern, wo nicht so viel Raum war, daß jeder sich hätte niederlegen können auf der Erde. Aber Abkürzungen gebraucht man bald mechanisch und ohne sich ihres Sinnes mehr bewußt zu werden. Deshalb ist es gut, wo noch Raum und Zeit dafür ist, die Gebärde auszuschreiben, das ganze schöne und wichtige Wort: Ehrfurcht.“

„Ja, wenn ich könnte, würde ich auch niederknien –“, träumte der Lahme. „Aber es kommt–“ fuhr ich nach einer Pause fort – „in Rußland auch vieles andere von Gott. Man hat das Gefühl, jedes Neue wird von ihm eingeführt, jedes Kleid, jede Speise, jede Tugend und sogar jede Sünde muß erst von ihm bewilligt werden, ehe sie in Gebrauch kommt.“ Der Kranke sah mich fast erschrocken an. „Es ist nur ein Märchen, auf welches ich mich berufe,“ eilte ich ihn zu beruhigen, „eine sogenannte Bylina, ein Gewesenes zu deutsch. Ich will Ihnen kurz den Inhalt erzählen. Der Titel ist: Wie der Verrat nach Rußland kam.“ Ich lehnte mich ans Fenster, und der Gelähmte schloß die Augen, wie er gerne tat, wenn irgendwo eine Geschichte begann.

„Der schreckliche Zar Iwan wollte den benachbarten Fürsten Tribut auferlegen und drohte ihnen mit einem großen Krieg, falls sie nicht Gold nach Moskau, in die weiße Stadt, schicken würden. Die Fürsten sagten, nachdem sie Rat gepflogen hatten, wie ein Mann: „Wir geben dir drei Rätselfragen auf. Komm an dem Tage, den wir dir bestimmen, in den Orient, zu dem weißen Stein, wo wir versammelt sein werden, und sage uns die drei Lösungen. Sobald sie richtig sind, geben wir dir die zwölf Tonnen Goldes, die du von uns verlangst“. Zuerst dachte der Zar Iwan Wassiljewitsch nach, aber es störten ihn die vielen Glocken seiner weißen Stadt Moskau. Da rief er seine Gelehrten und Räte vor sich, und jeden, der die Frage nicht beantworten konnte, ließ er auf den großen, roten Platz führen, wo gerade die Kirche für Wassilij, den Nackten, gebaut wurde, und einfach köpfen. Bei einer solchen Beschäftigung verging ihm die Zeit so rasch, daß er sich plötzlich auf der Reise fand nach dem Orient, zu dem weißen Stein, bei welchem die Fürsten warteten. Er wußte auf keine der drei Fragen etwas zu erwidern, aber der Ritt war lang, und es war immer noch die Möglichkeit, einem Weisen zu begegnen; denn damals waren viele Weise unterwegs auf der Flucht, da alle Könige die Gewohnheit hatten, ihnen den Kopf abschneiden zu lassen, wenn sie ihnen nicht weise genug schienen. Ein solcher kam ihm nun allerdings nicht zu Gesicht, aber an einem Morgen sah er einen alten bärtigen Bauer, welcher an einer Kirche baute. Er war schon dabei angelangt, den Dachstuhl zu zimmern und die kleinen Latten darüberzulegen. Da war es nun recht verwunderlich, daß der alte Bauer immer wieder von der Kirche herunterstieg, um von den schmalen Latten, welche unten aufgeschichtet waren, jede einzeln zu holen, statt viele auf einmal in seinem langen Kaftan mitzunehmen. Er mußte so beständig auf und nieder klettern, und es war gar nicht abzusehen, daß er auf diese Weise überhaupt jemals alle vielhundert Latten an ihren Ort bringen würde. Der Zar wurde deshalb ungeduldig: „Dummkopf," schrie er (so nennt man in Rußland meistens die Bauern), „du solltest dich tüchtig beladen mit deinem Holz und dann auf die Kirche kriechen, das wäre bei weitem einfacher." Der Bauer, der gerade unten war, blieb stehen, hielt die Hand über die Augen und antwortete: „Das mußt du schon mir überlassen, Zar Iwan Wassiljewitsch, jeder versteht sein Handwerk am besten; indessen, weil du schon hier vorüberreitest, will ich dir die Lösung der drei Rätsel sagen, welche du am weißen Stein im Orient, gar nicht weit von hier, wirst wissen müssen." Und er schärfte ihm die drei Antworten der Reihe nach ein. Der Zar konnte vor Erstaunen kaum dazu kommen, zu danken. „Was soll ich dir geben zum Lohne?" fragte er endlich. „Nichts", machte der Bauer, holte eine Latte und wollte auf die Leiter steigen. „Halt," befahl der Zar, „das geht nicht an, du mußt dir etwas wünschen." „Nun, Väterchen, wenn du befiehlst, gib mir eine von den zwölf Tonnen Goldes, welche du von den Fürsten im Orient erhalten wirst." „Gut –", nickte der Zar. „Ich gebe dir eine Tonne Goldes." Dann ritt er eilends davon, um die Lösungen nicht wieder zu vergessen.

Später, als der Zar mit den zwölf Tonnen zurückgekommen war aus dem Orient, schloß er sich in Moskau in seinen Palast, mitten im fünftorigen Kreml, ein und schüttete eine Tonne nach der anderen auf die glänzenden Dielen des Saales aus, so daß ein wahrer Berg aus Gold entstand, der einen großen schwarzen Schatten über den Boden warf. In Vergeßlichkeit hatte der Zar auch die zwölfte Tonne ausgeleert. Er wollte sie wieder füllen, aber es tat ihm leid, so viel Gold von dem herrlichen Haufen wieder fortnehmen zu müssen. In der Nacht ging er in den Hof hinunter, schöpfte feinen Sand in die Tonne, bis sie zu drei Vierteilen voll war, kehrte leise in seinen Palast zurück, legte Gold über den Sand und schickte die Tonne mit dem nächsten Morgen durch einen Boten in die Gegend des weiten Rußland, wo der alte Bauer seine Kirche baute. Als dieser den Boten kommen sah, stieg er von dem Dach, welches noch lange nicht fertig war, und rief: „Du mußt nicht näher kommen, mein Freund, reise zurück samt deiner Tonne, welche drei Vierteile Sand und ein knappes Viertel Gold enthält; ich brauche sie nicht. Sage deinem Herrn, bisher hat es keinen Verrat in Rußland gegeben. Er aber ist selbst daran schuld, wenn er bemerken sollte, daß er sich auf keinen Menschen verlassen kann; denn er hat nunmehr gezeigt, wie man verrät, und von Jahrhundert zu Jahrhundert wird sein Beispiel in ganz Rußland viele Nachahmer finden. Ich brauche nicht das Gold, ich kann ohne Gold leben. Ich erwartete nicht Gold von ihm, sondern Wahrheit und Rechtlichkeit. Er aber hat mich getäuscht. Sage das deinem Herrn, dem schrecklichen Zaren Iwan Wassiljewitsch, der in seiner weißen Stadt Moskau sitzt mit seinem bösen Gewissen und in einem goldenen Kleid."

Nach einer Weile Reitens wandte sich der Bote nochmals um: der Bauer und seine Kirche waren verschwunden. Und auch die aufgeschichteten Latten lagen nicht mehr da, es war alles leeres, flaches Land. Da jagte der Mann entsetzt zurück nach Moskau, stand atemlos vor dem Zaren und erzählte ihm ziemlich unverständlich, was sich begeben hatte und daß der vermeintliche Bauer niemand anderes gewesen sei als Gott selbst."

„Ob er wohl recht gehabt hat damit?“ meinte mein Freund leise, nachdem meine Geschichte verklungen war.

„Vielleicht –,“ entgegnete ich, „aber, wissen Sie, das Volk ist – abergläubisch ... indessen, ich muß jetzt gehen, Ewald.“ „Schade“, sagte der Lahme aufrichtig. „Wollen Sie mir nicht bald wieder eine Geschichte erzählen?“ „Gerne, – aber unter einer Bedingung.“ Ich trat noch einmal ans Fenster heran. „Nämlich?“ staunte Ewald. „Sie müssen alles gelegentlich den Kindern in der Nachbarschaft weitererzählen“, bat ich. „O, die Kinder kommen jetzt so selten zu mir.“ Ich vertröstete ihn: „Sie werden schon kommen. Offenbar haben Sie in der letzten Zeit nicht Lust gehabt, ihnen etwas zu erzählen, und vielleicht auch keinen Stoff, oder zu viel Stoffe. Aber wenn einer eine wirkliche Geschichte weiß, glauben Sie, das kann verborgen bleiben? Bewahre, das spricht sich herum, besonders unter den Kindern!“ „Auf Wiedersehen.“ Damit ging ich.

Und die Kinder haben die Geschichte noch an demselben Tage gehört.

Wie der alte Timofei singend starb

Was für eine Freude ist es doch, einem lahmen Menschen zu erzählen. Die gesunden Leute sind so ungewiß; sie sehen die Dinge bald von der, bald von jener Seite an, und wenn man mit ihnen eine Stunde lang so gegangen ist, daß sie zur Rechten waren, kann es geschehen, daß sie plötzlich von links antworten, nur, weil es ihnen einfällt, daß das höflicher sei und von feinerer Bildung zeuge. Beim Lahmen hat man das nicht zu befürchten. Seine Unbeweglichkeit macht ihn den Dingen ähnlich, mit denen er auch wirklich viele herzliche Beziehungen pflegt, macht ihn, sozusagen, zu einem den anderen sehr überlegenen Ding, zu einem Ding, das nicht nur lauscht mit seiner Schweigsamkeit, sondern auch mit seinen seltenen leisen Worten und mit seinen sanften, ehrfürchtigen Gefühlen.

Ich mag am liebsten meinem Freund Ewald erzählen. Und ich war sehr froh, als er mir von seinem täglichen Fenster aus zurief: „Ich muß Sie etwas fragen."

Rasch trat ich zu ihm und begrüßte ihn. „Woher stammt die Geschichte, die Sie mir neulich erzählt haben?" bat er endlich. „Aus einem Buch?" "Ja," – entgegnete ich traurig, „die Gelehrten haben sie darin begraben, seit sie tot ist; das ist gar nicht lange her. Noch vor hundert Jahren lebte sie, gewiß sehr sorglos, auf vielen Lippen. Aber die Worte, welche die Menschen jetzt gebrauchen, diese schweren, nicht sangbaren Worte, waren ihr feind und nahmen ihr einen Mund nach dem anderen weg, so daß sie zuletzt, nur sehr eingezogen und ärmlich, auf ein paar trockenen Lippen, wie auf einem schlechten Witwengut, lebte. Dort verstarb sie auch, ohne Nachkommen zu hinterlassen, und wurde, wie schon erwähnt, mit allen Ehren in einem Buche bestattet, wo schon andere aus ihrem Geschlechte lagen." „Und sie war sehr alt, als sie starb?" fragte mein Freund, in meinen Ton eingehend. „Vierhundert bis fünfhundert Jahre," berichtete ich der

Wahrheit gemäß, „verschiedene von ihren Verwandten haben noch ein ungleich höheres Alter erreicht." „Wie, ohne jemals in einem Buche zu ruhen?" staunte Ewald. Ich erklärte: „Soviel ich weiß, waren sie die ganze Zeit von Lippe zu Lippe unterwegs." „Und haben nie geschlafen?" „Doch, von dem Munde des Sängers steigend, blieben sie wohl dann und wann in einem Herzen, darin es warm und dunkel war." „Waren denn die Menschen so still, daß Lieder schlafen konnten in ihren Herzen?" Ewald schien mir recht ungläubig. „Es muß wohl so gewesen sein. Man behauptet, sie sprachen weniger, tanzten langsam anwachsende Tänze, die etwas Wiegendes hatten, und vor allem: sie lachten nicht laut, wie man es heute trotz der allgemeinen hohen Kultur nicht selten vernehmen kann."

Ewald schickte sich an, noch etwas zu fragen, aber er unterdrückte es und lächelte: „Ich frage und frage, – aber Sie haben vielleicht eine Geschichte vor?" Er sah mich erwartungsvoll an.

„Eine Geschichte? Ich weiß nicht. Ich wollte nur sagen: diese Gesänge waren das Erbgut in gewissen Familien. Man hatte es übernommen, und man gab es weiter, nicht ganz unbenützt, mit den Spuren eines täglichen Gebrauchs, aber doch unbeschädigt, wie etwa eine alte Bibel von Vätern zu Enkeln geht. Der Enterbte unterschied sich von den in ihre Rechte eingesetzten Geschwistern dadurch, daß er nicht singen konnte, oder er wußte wenigstens nur einen kleinen Teil der Lieder seines Vaters und

Großvaters und verlor mit den übrigen Gesängen das große Stück Erleben, das alle diese Bylinen und Skaski dem Volke bedeuten. So hatte z B. Jegor Timofejewitsch gegen den Willen seines Vaters, des alten Timofei, ein junges, schönes Weib geheiratet und war mit ihr nach Kiew gegangen, in die heilige Stadt, bei welcher sich die Gräber der größten Märtyrer der heiligen, rechtgläubigen Kirche versammelt haben. Der Vater Timofei, der als der kundigste Sänger auf zehn Tagereisen im Umkreis galt, verfluchte seinen Sohn und erzählte seinen Nachbarn, daß er oft überzeugt sei, niemals einen solchen gehabt zu haben. Dennoch verstummte er in Gram und Traurigkeit. Und er wies alle die jungen Leute zurück, die sich in seine Hütte drängten, um die Erben der vielen Gesänge zu werden, welche in dem Alten eingeschlossen waren, wie in einer verstaubten Geige. „Vater, du unser Väterchen, gib uns nur eines oder das andere Lied. Siehst du, wir wollen es in die Dörfer tragen, und du sollst es hören aus allen Höfen, sobald der Abend kommt und das Vieh in den Ställen ruhig geworden ist.“ Der Alte, der beständig auf dem Ofen saß, schüttelte den ganzen Tag den Kopf. Er hörte nicht mehr gut, und da er nicht wußte, ob nicht einer von den Burschen, die jetzt fortwährend sein Haus umhorchten, eben wieder gefragt hatte, machte er mit seinem weißen Kopf zitternd: Nein, nein, nein, bis er einschlief und auch dann noch eine Weile – im Schlaf. Er hätte den Burschen gerne ihren Willen getan; es war ihm selber leid, daß sein stummer, verstorbener Staub über diesen Liedern liegen sollte, vielleicht schon ganz bald. Aber hätte er versucht, einen von ihnen etwas zu lehren, gewiß hätte er sich dabei seines Jegoruschka erinnern müssen und dann – wer weiß – was dann geschehen wäre. Denn nur, weil er überhaupt schwieg, hatte ihn niemand weinen sehen. Hinter jedem Wort stand es ihm, das Schluchzen, und er mußte immer sehr schnell und vorsichtig den Mund schließen, sonst wäre es einmal doch mitgekommen.

Der alte Timofei hatte seinen einzigen Sohn Jegor von ganz früh an einzelne Lieder gelehrt, und als fünfzehnjähriger Knabe wußte dieser schon mehr und richtiger zu singen als alle erwachsenen Burschen im Dorfe und in der Nachbarschaft. Gleichwohl pflegte der Alte meistens am Feiertag, wenn er etwas trunken war, dem Burschen zu sagen: „Jegoruschka, mein Täubchen, ich habe dich schon viele Lieder singen gelehrt, viele Bylinen und auch die Legenden von Heiligen, fast für jeden Tag eine. Aber ich bin, wie du weißt, der Kundigste im ganzen Gouvernement, und mein Vater kannte sozusagen alle Lieder von ganz Rußland und auch noch tatarische Geschichten dazu. Du bist noch sehr jung, und deshalb habe ich dir die schönsten Bylinen, darin die Worte wie Ikone sind und gar nicht zu vergleichen mit den gewöhnlichen Worten, noch nicht erzählt, und du hast noch nicht gelernt, jene Weisen zu singen, die noch keiner, er mochte ein Kosak sein oder ein Bauer, hat anhören können, ohne zu weinen.“ Dieses wiederholte Timofei seinem Sohne an jedem Sonntag und an allen vielen Feiertagen des russischen Jahres, also ziemlich oft. Bis dieser nach einem heftigen Auftritt mit dem Alten, zugleich mit der schönen Ustjënka, der Tochter eines armen Bauern, verschwunden war.

Im dritten Jahre nach diesem Vorfall erkrankte Timofei, zur selben Zeit, als einer jener vielen Pilgerzüge, die aus allen Teilen des weiten Reiches beständig nach Kiew ziehen, aufbrechen wollte. Da trat Ossip, der Nachbar, bei dem Kranken ein: „Ich gehe mit den Pilgern, Timofei Iwanitsch, erlaube mir, dich noch einmal zu umarmen." Ossip war nicht befreundet mit dem Alten, aber nun, da er diese weite Reise begann, fand er es für notwendig, von ihm wie von einem Vater Abschied zu nehmen. „Ich habe dich manchmal gekränkt," schluchzte er, „verzeih mir, mein Herzchen, es ist im Trunke geschehen, und da kann man nichts dafür, wie du weißt. Nun, ich will für dich beten und eine Kerze anstecken für dich; leb wohl, Timofei Iwanitsch, mein Väterchen, vielleicht wirst du wieder gesund, wenn Gott es will, dann singst du uns wieder etwas. Ja, ja, das ist lange her, seit du gesungen hast. Was waren das für Lieder. Das von Djuk Stepanowitsch zum Beispiel, glaubst du, ich habe das vergessen? Wie dumm du bist! Ich weiß es noch ganz genau. Freilich, so wie du, – du hast es eben gekonnt, das muß man sagen. Gott hat dir das gegeben, einem anderen gibt er etwas anderes. Mir zum Beispiel –"

Der Alte, der auf dem Ofen lag, drehte sich ächzend um und machte eine Bewegung, als ob er etwas sagen wollte. Es war, als hörte man ganz leise den Namen Jegors. Vielleicht wollte er ihm eine Nachricht schicken. Aber als der Nachbar, von der Türe her, fragte: „Sagst du etwas, Timofei Iwanitsch?“ lag er schon wieder ganz ruhig da und schüttelte nur leise seinen weißen Kopf. Trotzdem, weiß Gott wie es geschah, kaum ein Jahr, nachdem Ossip fortgegangen war, kehrte Jegor ganz unvermutet zurück. Der Alte erkannte ihn nicht gleich, denn es war dunkel in der Hütte, und die greisen Augen nahmen nur ungern eine neue fremde Gestalt auf. Aber als Timofei die Stimme des Fremden gehört hatte, erschrak er und sprang vom Ofen herab auf seine alten, schwankenden Beine. Jegor fing ihn auf, und sie hielten sich in den Armen. Timofei weinte. Der junge Mensch fragte in einem fort: „Bist du schon lange krank, Vater?“ Als sich der Alte ein wenig beruhigt hatte, kroch er auf seinen Ofen zurück und erkundigte sich in einem anderen strengen Ton: „Und dein Weib?“ Pause. Jegor spuckte aus: „Ich hab sie fortgejagt, weißt du, mit dem Kind.“ Er schwieg eine Weile. Da kommt einmal der Ossip zu mir; „Ossip Nikiphorowitsch?“ sag ich. „Ja,“ antwortet er, „ich bins. Dein Vater ist krank, Jegor. Er kann nicht mehr singen. Es ist jetzt ganz still im Dorfe, als ob es keine Seele mehr hätte, unser Dorf. Nichts klopft, nichts rührt sich, es weint niemand mehr, und auch zum Lachen ist kein rechter Grund.“ Ich denke nach. Was ist da zu machen? Ich rufe also mein Weib. „Ustjënka“ – sag ich –, „ich muß nach Hause, es singt sonst keiner mehr dort, die Reihe ist an mir. Der Vater ist krank.“ „Gut“, sagt Ustjënka. „Aber ich kann dich nicht mitnehmen“ – so erklär ich ihr, „der Vater, weißt du, will dich nicht. Und auch zurückkommen werd ich wahrscheinlich nicht zu dir, wenn ich erst einmal wieder dort bin und singe." Ustjënka versteht mich: „Nun, Gott mit dir! Es sind jetzt viele Pilger hier, da gibt es viel Almosen. Gott wird schon helfen, Jegor." Und so geh ich also fort. Und nun, Vater, sag mir alle deine Lieder."

Es verbreitete sich das Gerücht, daß Jegor zurückgekehrt sei und daß der alte Timofei wieder singe. Aber in diesem Herbst ging der Wind so heftig durch das Dorf, daß niemand von den Vorübergehenden mit Sicherheit ermitteln konnte, ob in Timofeis Hause wirklich gesungen werde oder nicht. Und die Tür wurde keinem Pochenden geöffnet. Die beiden wollten allein sein. Jegor saß am Rande des Ofens, auf welchem der Vater lag, und kam mit dem Ohr bisweilen dem Munde des Alten entgegen; denn dieser sang in der Tat. Seine alte Stimme trug, etwas gebückt und zitternd, alle die schönsten Lieder zu Jegor hin, und dieser wiegte manchmal den Kopf oder bewegte die herabhängenden Beine, ganz, als ob er schon selber sänge. Das ging so viele Tage lang fort. Timofei fand immer noch ein schöneres Lied in seiner Erinnerung; oft, nachts, weckte er den Sohn, und indem er mit den welken, zuckenden Händen ungewisse Bewegungen machte, sang er ein kleines Lied und noch eines und noch eines – bis der träge Morgen sich zu rühren begann. Bald nach dem schönsten starb er. Er hatte sich in den letzten Tagen oft arg beklagt, daß er noch eine Unmenge Lieder in sich trüge und nicht mehr Zeit habe, sie seinem Sohne mitzuteilen. Er lag da mit gefurchter Stirne, in angestrengtem, ängstlichem Nachdenken, und seine Lippen zitterten vor Erwartung. Von Zeit zu Zeit setzte er sich auf, wiegte eine Weile den Kopf, bewegte den Mund, und endlich kam irgendein leises Lied hinzu; aber jetzt sang er meistens immer dieselben Strophen von Djuk Stepanowitsch, die er besonders liebte, und sein Sohn mußte erstaunt sein und tun, als vernähme er sie zum erstenmal, um ihn nicht zu erzürnen.

Als der alte Timofei Iwanitsch gestorben war, blieb das Haus, welches Jegor jetzt allein bewohnte, noch eine Zeitlang verschlossen. Dann, im ersten Frühjahr, trat Jegor Timofejewitsch, der jetzt einen ziemlich langen Bart hatte, aus seiner Tür, begann im Dorfe hin und her zu gehen und zu singen. Später kam er auch in die benachbarten Dörfer, und die Bauern erzählten sich schon, daß Jegor ein mindestens ebenso kundiger Sänger geworden sei wie sein Vater Timofei; denn er wußte eine große Anzahl ernster und heldenhafter Gesänge und alle jene Weisen, die keiner, er mochte ein Kosak sein oder ein Bauer, anhören konnte, ohne zu weinen. Dabei soll er noch so einen sanften und traurigen Ton gehabt haben, wie man ihn noch von keinem Sänger vernommen hat. Und dieser Ton fand sich immer, ganz unerwartet, im Kehrreim vor, wodurch er besonders rührend wirkte. So habe ich wenigstens erzählen hören."

„Diesen Ton hat er also nicht von seinem Vater gelernt?" sagte mein Freund Ewald nach einer Weile. „Nein," erwiderte ich, „man weiß nicht, woher der ihm kam.“ Als ich vom Fenster schon fortgetreten war, machte der Lahme noch eine Bewegung und rief mir nach: „Er hat vielleicht an sein Weib und sein Kind gedacht. Übrigens, hat er sie nie kommen lassen, da ja sein Vater nun tot war?“ „Nein, ich glaube nicht. Wenigstens ist er später allein gestorben.“

Das Lied von der Gerechtigkeit

Als ich das nächste Mal an Ewalds Fenster vorüberkam, winkte er mir und lächelte: „Haben Sie den Kindern etwas Bestimmtes versprochen?“ „Wieso?“ staunte ich. „Nun, als ich ihnen die Geschichte von Jegor erzählt hatte, beklagten sie sich, daß Gott in derselben nicht vorkäme.“ Ich erschrak: „Was, eine Geschichte ohne Gott, aber wie ist denn das möglich?“ Dann besann ich mich: „In der Tat, es ist wahr, von Gott sagt die Geschichte, wie ich sie mir jetzt überdenke, nichts. Ich begreife nicht, wie das geschehen konnte; hätte jemand von mir eine solche verlangt, ich glaube, ich hätte mein ganzes Leben nachgedacht, ohne Erfolg ...“

Mein Freund lächelte über diesen Eifer: „Sie müssen sich deshalb nicht erregen,“ unterbrach er mich mit einer gewissen Güte, „ich denke mir, man kann ja nie wissen, ob Gott in einer Geschichte ist, ehe man sie auch ganz beendet hat. Denn wenn auch nur noch zwei Worte fehlen sollten, ja selbst, wenn nur noch die Pause hinter dem letzten Worte der Erzählung aussteht: Er kann immer noch kommen.“ Ich nickte, und der

Lahme sagte in anderem Ton: “Wissen Sie nicht noch etwas von diesen russischen Sängern?“

Ich zögerte: „Ja, wollen wir nicht lieber von Gott reden, Ewald?“ Er schüttelte den Kopf: „Ich wünsche mir so, mehr von diesen eigentümlichen Männern zu vernehmen. Ich weiß nicht, wie es kommt, ich denke mir immer, wenn so einer hier bei mir einträte –“ und er wandte den Kopf ins Zimmer nach der Türe zu. Aber seine Augen kehrten schnell und nicht ohne Verlegenheit zu mir zurück – „Doch das ist ja wohl nicht möglich“, verbesserte er eilig. „Warum sollte das nicht möglich sein, Ewald? Ihnen kann manches begegnen, was den Menschen, die ihre Beine brauchen können, verwehrt bleibt, weil sie an so vielem vorübergehen und vor so manchem davonlaufen. Gott hat Sie, Ewald, dazu bestimmt, ein ruhiger Punkt zu sein mitten in aller Hast. Fühlen Sie nicht, wie alles sich um Sie bewegt? Die anderen jagen den Tagen nach, und wenn sie mal einen erreicht haben, sind sie so atemlos, daß sie gar nicht mit ihm sprechen können. Sie aber, mein Freund, sitzen einfach an Ihrem Fenster und warten; und den Wartenden geschieht immer etwas. Sie haben ein ganz besonderes Los. Denken Sie, sogar die Iberische Madonna in Moskau muß aus ihrem Kapellchen heraus und fährt in einem schwarzen Wagen mit vier Pferden zu denen, die irgend etwas feiern, sei es die Taufe oder den Tod. Zu Ihnen aber muß alles kommen –“

„Ja,“ sagte Ewald mit einem fremden Lächeln, „ich kann sogar dem Tod nicht entgegengehen. Viele Menschen finden ihn unterwegs. Er scheut sich, ihre Häuser zu betreten, und ruft sie hinaus in die Fremde, in den Krieg, auf einen steilen Turm, auf eine schwankende Brücke, in eine Wildnis oder in den Wahnsinn. Die meisten holen ihn wenigstens draußen irgendwo ab und tragen ihn dann auf ihren Schultern nach Hause, ohne es zu merken. Denn der Tod ist träge; wenn die Menschen ihn nicht fortwährend stören würden, wer weiß, er schliefe vielleicht ein.“ Der Kranke dachte eine Weile nach und fuhr dann mit einem gewissen Stolz fort: „Aber zu mir wird er kommen müssen, wenn er mich will. Hier in meine kleine helle Stube, in der die Blumen sich so lange halten, über diesen alten Teppich, an diesem Schrank vorbei, zwischen Tisch und Bettende durch (es ist gar nicht leicht, vorüberzukommen) bis her an meinen breiten, lieben, alten Stuhl, der dann wahrscheinlich mit mir sterben wird, weil er sozusagen mit mir gelebt hat. Und er wird dies alles tun müssen in der üblichen Art, ohne Lärm, ohne etwas umzuwerfen, ohne etwas Ungewöhnliches zu beginnen, wie ein Besuch. Dieser Umstand bringt mir meine Stube merkwürdig nah. Es wird sich alles hier abspielen auf dieser engen Szene, und darum wird auch dieser letzte Vorgang sich nicht sehr von allen anderen Ereignissen unterscheiden, welche sich hier begeben haben und noch bevorstehen. Es hat mir immer schon als Kind seltsam geschienen, daß die Menschen vom Tode anders sprechen als von allen anderen Begebenheiten, und das nur deshalb, weil jeder von dem, was ihm nachher geschieht, nichts mehr verrät. Wodurch aber unterscheidet sich denn ein Toter von einem Menschen, welcher ernst wird, auf die Zeit verzichtet und sich einschließt, um über etwas ruhig nachzudenken, dessen Lösung ihn lange schon quält? Unter den Leuten kann man sich doch nicht einmal des Vaterunsers erinnern, wie denn erst irgendeines anderen dunkleren Zusammenhanges, der vielleicht nicht in Worten, sondern in Ereignissen besteht. Man muß abseits gehen in irgendeine unzugängliche Stille, und vielleicht sind die Toten solche, die sich zurückgezogen haben, um über das Leben nachzudenken."

Es entstand eine kleine Schweigsamkeit, die ich mit folgenden Worten begrenzte: „Ich muß dabei an ein junges Mädchen denken. Man kann sagen, daß sie in den ersten siebzehn Jahren ihres heiteren Lebens nur geschaut hat. Ihre Augen waren so groß und so selbständig, daß sie alles, was sie empfingen, selbst verbrauchten, und das Leben in dem ganzen Körper des jungen Geschöpfes ging, unabhängig davon, von schlichten, inneren Geräuschen genährt, vor sich. Am Ende dieser Zeit aber störte irgendein zu heftiges Ereignis dieses doppelte, kaum sich berührende Leben, die Augen brachen gleichsam nach innen durch, und die ganze Schwere des Äußeren fiel durch sie in das dunkle Herz hinein, und jeder Tag stürzte mit solcher Wucht in die tiefen, steilen Blicke, daß er in der engen Brust zersprang wie ein Glas. Da wurde das junge Mädchen blaß, begann zu kränkeln, einsam zu werden, nachzudenken, und endlich suchte es selbst jene Stille auf, darin die Gedanken wahrscheinlich nicht mehr gestört werden."

„Wie ist sie gestorben?" fragte mein Freund leise, mit etwas heiserer Stimme. „Sie ist ertrunken. In einem tiefen, stillen Teich, und an der Oberfläche desselben entstanden viele Ringe, die langsam weit wurden und unter den weißen Wasserrosen hin wuchsen, so daß alle diese badenden Blüten sich bewegten."

„Ist das auch eine Geschichte?" sagte Ewald, um die Stille hinter meinen Worten nicht mächtig werden zu lassen. „Nein," entgegnete ich, „das ist ein Gefühl." „Aber könnte man es nicht auch den Kindern übermitteln – dieses Gefühl?" Ich überlegte. „Vielleicht–". „Und wodurch?" „Durch eine andere Geschichte." Und ich erzählte:

„Es war zur Zeit, als man im südlichen Rußland um die Freiheit kämpfte."

„Verzeihen Sie," sagte Ewald, „wie ist das zu verstehen – wollte sich das Volk etwa vom Zaren losmachen? Das würde nicht zu dem passen, was ich mir von Rußland denke, und auch mit Ihren früheren Erzählungen in Widerspruch stehen. In diesem Falle würde ich vorziehen, Ihre Geschichte nicht zu hören. Denn ich liebe das Bild, welches ich mir von den Dingen dort gemacht habe, und will es unbeschädigt behalten."

Ich mußte lächeln und beruhigte ihn: „Die polnischen Pans (ich hätte das vorausschicken müssen) waren Herren im südlichen Rußland und in jenen stillen, einsamen Steppen, welche man mit dem Namen Ukraine bezeichnet. Sie waren harte Herren. Ihre Bedrückung und die Habgier der Juden, welche sogar den Kirchenschlüssel in Händen hatten, den sie nur gegen Bezahlung den Rechtgläubigen auslieferten, hatte das jugendliche Volk um Kiew herum und den ganzen Dnjepr aufwärts müde und nachdenklich gemacht. Die Stadt selbst, Kiew, das heilige, der Ort, wo Rußland zuerst mit vierhundert Kirchenkuppeln von sich erzählte, versank immer mehr in sich selbst und verzehrte sich in Bränden wie in plötzlichen, irren Gedanken, hinter denen die Nacht nur immer uferloser wird. Das Volk in der Steppe wußte nicht recht, was geschah. Aber von seltsamer Unruhe erfaßt, traten die Greise nachts aus den Hütten und betrachteten schweigend den hohen, ewig windlosen Himmel, und am Tage konnte man Gestalten auf dem Rücken der Kurgane auftauchen sehen, die sich wartend vor der flachen Ferne erhoben. Diese Kurgane sind Grabstätten vergangener Geschlechter, die die ganze Heide wie ein erstarrter, schlafender Wellenschlag durchziehen. Und in diesem Land, in welchem die Gräber die Berge sind, sind die Menschen die Abgründe. Tief, dunkel, schweigsam ist die Bevölkerung, und ihre Worte sind nur schwache, schwankende Brücken über ihrem wirklichen Sein. – Manchmal heben sich dunkle Vögel von den Kurganen. Manchmal stürzen wilde Lieder in die dämmernden Menschen hinein und verschwinden in ihnen tief, während die Vögel im Himmel verloren gehen. Nach allen Richtungen hin scheint alles grenzenlos. Die Häuser selbst können nicht beschützen vor dieser Unermeßlichkeit; ihre kleinen Fenster sind voll davon. Nur in den dunkelnden Ecken der Stuben stehen die alten Ikone, wie Meilensteine Gottes, und der Glanz von einem kleinen Licht geht durch ihre Rahmen, wie ein verirrtes Kind durch die Sternennacht. Diese Ikone sind der einzige Halt, das einzige zuverlässige Zeichen am Wege, und kein Haus kann ohne sie bestehen. Immer wieder werden welche notwendig; wenn eines zerbricht vor Alter und Wurm, wenn jemand heiratet und sich eine Hütte zimmert, oder wenn einer, wie zum Beispiel der alte Abraham, stirbt mit dem Wunsch, den heiligen Nikolaus, den Wundertäter, in den gefalteten Händen mitzunehmen, wahrscheinlich, um die Heiligen im Himmel mit diesem Bilde zu vergleichen und den besonders Verehrten vor allen anderen zu erkennen.

So kommt es, daß Peter Akimowitsch, eigentlich Schuster von Beruf, auch Ikone malt. Wenn er von der einen Arbeit müde ist, geht er, nachdem er sich dreimal bekreuzt hat, zu der anderen über, und über seinem Nähen und Hämmern wie über seinem Malen waltet die gleiche Frömmigkeit. Jetzt ist er schon ein alter Mann, aber doch ziemlich rüstig. Den Rücken, den er über die Stiefel biegt, richtet er vor den Bildern wieder gerade, und so hat er sich eine gute Haltung bewahrt und ein gewisses Gleichgewicht in den Schultern und im Kreuz. Den größten Teil seines

Lebens hat er ganz allein verbracht, sich gar nicht hineinmischend in die Unruhe, die dadurch entstand, daß sein Weib Akulina ihm Kinder gebar und daß diese verstarben oder sich verheirateten. Erst in seinem siebzigsten Jahre hatte Peter sich mit denen in Verbindung gesetzt, die in seinem Hause verblieben waren und die er nun erst als wirklich vorhanden betrachtete. Das waren: Akulina, sein Weib, eine stille, demütige Person, die sich fast ganz in den Kindern fortgegeben hatte, eine alternde, häßliche Tochter und Aljoscha, ein Sohn, welcher, unverhältnismäßig spät geboren, erst siebzehn Jahre zählte. Diesen wollte Peter für die Malerei heranbilden; denn er sah ein, daß er bald nicht allen Bestellungen würde entsprechen können. Aber er gab den Unterricht bald auf. Aljoscha hatte die allerheiligste Jungfrau gemalt, aber das strenge und richtige Vorbild so wenig erreicht, daß sein Machwerk aussah wie ein Bild der Mariana, der Tochter des Kosaken Golokopytenko, also wie etwas durchaus Sündiges, und der alte Peter beeilte sich, nachdem er sich oft bekreuzt hatte, das beleidigte Brett mit einem heiligen Dmitrij zu übermalen, welchen er aus einem unbekannten Grunde über alle anderen Heiligen stellte.

Aljoscha versuchte auch nie mehr ein Bild zu beginnen. Wenn ihm der Vater nicht befahl, einen Nimbus zu vergolden, war er meistens draußen in der Steppe, kein Mensch wußte wo. Niemand hielt ihn zu Hause. Die Mutter wunderte sich über ihn und hatte eine Scheu, mit ihm zu reden, als ob er ein Fremder wäre oder ein Beamter. Die Schwester hatte ihn geschlagen, solang er ein Kind war, und jetzt, seit Aljoscha erwachsen war, begann sie ihn zu verachten, dafür, daß er sie nicht schlug. Aber auch im Dorfe war niemand, der sich um den Burschen kümmerte. Mariana, die Kosakentochter, hatte ihn ausgelacht, als er ihr erklärte, er wolle sie heiraten, und die anderen Mädchen hatte Aljoscha nicht danach gefragt, ob sie ihn als Bräutigam annehmen möchten. In die Ssetsch, zu den Zaporogern, hatte ihn keiner mitnehmen wollen, weil er allen zu schwächlich schien und vielleicht auch noch etwas zu jung. Einmal war er schon davongelaufen bis zum nächsten Kloster, aber die Mönche nahmen ihn nicht auf – und so blieb nur die Heide für ihn, die weite, wogende Heide. Ein Jäger hatte ihm einmal ein altes Gewehr geschenkt, das weiß Gott womit geladen war. Das schleppte Aljoscha immer mit, schoß es aber niemals ab, erstens, weil er den Schuß sparen wollte, und dann, weil er nicht wußte wofür. An einem lauen, stillen Abend, zu Anfang des Sommers, saßen alle beisammen an dem groben Tisch, auf welchem eine Schüssel mit Grütze stand. Peter aß, und die anderen schauten ihm zu und warteten auf das, was er übriglassen würde. Plötzlich ließ der Alte den Löffel in der Luft stehen und streckte den breiten welken Kopf in den Lichtstreifen, der von der Tür kam und quer über den Tisch in die Dämmerung lief. Alle horchten. Es war außen an den Wänden der Hütte ein Geräusch, wie wenn ein Nachtvogel mit seinen Flügeln sachte die Balken streifte; aber die Sonne war kaum untergegangen, und die nächtlichen Vögel kamen ja überhaupt selten bis ins Dorf. Und da war es wieder, als tappe irgendein anderes großes Tier ums Haus und als wäre von allen Wänden zugleich sein suchender Schritt vernehmbar. Aljoscha erhob sich leise von seiner Bank, in demselben Augenblick verdunkelte sich die Tür von etwas Hohem, Schwarzem; es verdrängte den ganzen Abend, brachte Nacht in die Hütte und bewegte sich in seiner Größe nur unsicher vorwärts. „Der Ostap!“ sagte die Häßliche mit ihrer bösen Stimme. Und jetzt erkannten ihn alle. Es war einer von den blinden Kobzars, ein Greis, der mit einer zwölfsaitigen Bandura durch die Dörfer ging und von dem großen Ruhm der Kosaken, von ihrer Tapferkeit und Treue, von ihren Hetmans Kirdjaga, Kukubenko, Bulba und anderen Helden sang, so daß alle es gerne hörten. Ostap verneigte sich dreimal tief in der Richtung, in der er das Heiligenbild vermutete (und es war die Znamenskaja, zu der er sich so, unbewußt, wandte), setzte sich dann an den Ofen und fragte mit leiser Stimme: „Bei wem bin ich eigentlich?“ „Bei uns, Väterchen, bei Peter Akimowitsch, dem Schuster“, erwiderte Peter freundlich. Er war ein Freund des Gesanges und freute sich dieses unerwarteten Besuches. „Ah, bei Peter Akimowitsch, dem, der die Bilder malt“, sagte der Blinde, um auch eine Freundlichkeit zu erweisen. Dann wurde es still. In den langen sechs Saiten der Bandura begann ein Klang, wuchs und kam kurz und gleichsam erschöpft von den sechs kurzen Saiten zurück, und diese Wirkung wiederholte sich in immer rascheren Takten, so daß man endlich die Augen schließen mußte, in Angst, den

Ton von der in rasendem Lauf erstiegenen Melodie irgendwo hinabstürzen zu sehen; da brach das Lied ab und gab der schönen, schweren Stimme des Kobzars Raum, welche bald das ganze Haus erfüllte und auch aus den benachbarten Hütten die Leute rief, die sich vor der Türe und unter den Fenstern versammelten. Aber nicht von Helden ging diesmal das Lied. Schon ganz sicher schien Bulbas und Ostranitzas und Naliwaikos Ruhm. Für alle Zeiten fest schien die Treue der Kosaken. Nicht von ihren Taten ging heute das Lied. Tiefer zu schlafen schien in allen, welche es vernahmen, der Tanz; denn keiner rührte die Beine oder hob die Hände empor. Wie Ostaps Kopf, so waren auch die anderen Köpfe gesenkt und wurden schwer von dem traurigen Lied:

„Es ist keine Gerechtigkeit mehr in der Welt. Die Gerechtigkeit, wer kann sie finden? Es ist keine Gerechtigkeit mehr in der Welt; denn alle Gerechtigkeit ist den Gesetzen der Ungerechtigkeit unterstellt.

„Heut ist die Gerechtigkeit elend in Fesseln. Und das Unrecht lacht über sie, wir sahns, und sitzt mit den Pans in den goldenen Sesseln und sitzt in dem goldenen Saal mit den Pans.

„Die Gerechtigkeit liegt an der Schwelle und fleht; bei den Pans ist das Unrecht, das Schlechte, zu Gast, und sie laden es lachend in ihren Palast, und sie schenken dem Unrecht den Becher voll Met.

„Oh, Gerechtigkeit, Mütterchen, Mütterchen mein, mit dem Fittich, der jenem des Adlers gleicht, es kommt vielleicht noch ein Mann, der gerecht, der gerecht sein will, dann helfe ihm Gott, Er vermag es allein, und macht dem Gerechten die Tage leicht.“

Und die Köpfe hoben sich nur mühsam, und auf allen Stirnen stand Schweigsamkeit; das erkannten auch die, welche reden wollten. Und nach einer kleinen, ernsten Stille begann wieder das Spiel auf der Bandura, diesmal schon besser verstanden von der immer wachsenden Menge. Dreimal sang Ostap sein Lied von der Gerechtigkeit. Und es war jedesmal ein anderes. War es zum erstenmal Klage, so erschien es bei der Wiederholung Vorwurf, und endlich, da der Kobzar es zum drittenmal mit hocherhobener Stirne wie eine Kette kurzer Befehle rief, da brach ein wilder Zorn aus den zitternden Worten und erfaßte alle und riß sie hin in eine breite und zugleich bange Begeisterung.

„Wo sammeln sich die Männer?“ fragte ein junger Bauer, als der Sänger sich erhob. Der Alte, der von allen Bewegungen der Kosaken unterrichtet war, nannte einen nahen Ort. Schnell zerstreuten sich die Männer, man hörte kurze Rufe, Waffen rührten sich, und vor den Türen weinten die Weiber. Eine Stunde später zog ein Trupp Bauern, bewaffnet, aus dem Dorfe gegen Tschernigof zu. Peter hatte dem Kobzar ein Glas Most angeboten in der Hoffnung, mehr von ihm zu erfahren. Der Alte saß, trank, gab aber nur kurze Antworten auf die vielen Fragen des Schusters. Dann dankte er und ging. Aljoscha führte den Blinden über die Schwelle. Als sie draußen waren in der Nacht und allein, bat Aljoscha: „Und dürfen alle mitgehen in den Krieg?" „Alle", sagte der Alte und verschwand rascher ausschreitend, als ob er sehend würde in der Nacht.

Als alle schliefen, erhob sich Aljoscha vom Ofen, wo er in den Kleidern gelegen hatte, nahm sein Gewehr und ging hinaus. Draußen fühlte er sich mit einem Male umarmt und sanft aufs Haar geküßt. Gleich darauf erkannte er im Mondlicht Akulina, die eilig und trippelnd auf das Haus zulief. „Mutter?!" staunte er, und es wurde ihm ganz eigentümlich zumut. Er zögerte eine Weile. Eine Tür ging irgendwo, und ein Hund heulte in der Nähe. Da warf Aljoscha sein Gewehr über die Schulter und schritt stark aus, denn er gedachte die Männer noch vor Morgen einzuholen. Im Hause aber taten alle, als ob sie Aljoschas Fehlen nicht bemerkten. Nur als sie sich wieder zu Tische setzten und Peter den leeren Platz gewahrte, stand er noch einmal auf, ging in die Ecke und zündete eine Kerze an vor der Znamenskaja. Eine ganz dünne Kerze. Die Häßliche zuckte mit den Achseln.

Indessen ging Ostap, der blinde Greis, schon durch das nächste Dorf und begann traurig und mit sanfter klagender Stimme den Gesang von der Gerechtigkeit."

Der Lahme wartete noch eine Weile. Dann sah er mich erstaunt an: „Nun, weshalb schließen Sie nicht? Es ist doch wie in der Geschichte vom Verrat. Dieser Alte war Gott."

„Oh, und ich habe es nicht gewußt", sagte ich erschauernd.

Eine Szene aus dem Ghetto von Venedig

Herr Baum, Hausbesitzer, Bezirksobmann, Ehrenoberster der freiwilligen Feuerwehr und noch verschiedenes andere, aber, um es kurz zu sagen: Herr Baum muß eines meiner Gespräche mit Ewald belauscht haben. Es ist kein Wunder; ihm gehört das Haus, darin mein Freund zu ebener Erde wohnt. Herr Baum und ich, wir kennen uns längst vom Sehen. Neulich aber bleibt der Bezirksobmann stehen, hebt ein wenig den Hut, so daß ein kleiner Vogel hätte ausfliegen können, im Falle einer drunter gefangen gewesen wäre. Er lächelt höflich und eröffnet unsere Bekanntschaft: „Sie reisen manchmal?“ „O ja –,“ erwiderte ich, etwas zerstreut, „das kann wohl sein.“ Nun fuhr er vertraulich fort: „Ich glaube, wir sind die beiden einzigen hier, die in Italien waren.“ „So –,“ ich bemühte mich etwas aufmerksamer zu sein – „ja, dann ist es allerdings dringend notwendig, daß wir miteinander reden.“

Herr Baum lachte. „Ja, Italien – das ist doch noch etwas. Ich erzähle immer meinen Kindern – zum Beispiel nehmen Sie Venedig!“ Ich blieb stehen: „Sie erinnern sich noch Venedigs?“ „Aber, ich bitte Sie,“ stöhnte er, denn er war etwas zu dick, um sich mühelos zu entrüsten,– „wie sollte ich nicht – wer das einmal gesehen hat – diese Piazzetta – nicht wahr?“ „Ja,“ entgegnete ich, „ich erinnere mich besonders gern der Fahrt durch den Kanal, dieses leisen lautlosen Hingleitens am Rande von Vergangenheiten.“ „Der Palazzo Franchetti“, fiel ihm ein. „Die Cà Doro“, gab ich zurück. „Der Fischmarkt –“ „Der Palazzo Vendramin –“ „Wo Richard Wagner“ – fügte er rasch, als ein gebildeter Deutscher hinzu. Ich nickte: „Den Ponte, wissen Sie?“ Er lächelte mit Orientierung: „Selbstverständlich, und das Museum, die Akademie nicht zu vergessen, wo ein Tizian ...“

So hat sich Herr Baum einer Art Prüfung unterzogen, die etwas anstrengend war. Ich nahm mir vor, ihn durch eine Geschichte zu entschädigen. Und begann ohne weiteres:

„Wenn man unter dem Ponte di Rialto hindurchfährt, an dem Fondaco de' Turchi und an dem Fischmarkt vorbei, und dem Gondoliere sagt: „Rechts!“ so sieht er etwas erstaunt aus und fragt wohl gar „Dóve?“ Aber man besteht darauf, nach rechts zu fahren, und steigt in einem der kleinen schmutzigen Kanäle aus, handelt mit ihm, schimpft und geht durch gedrängte Gassen und schwarze verqualmte Torgänge auf einen leeren freien Platz hinaus. Alles das einfach aus dem Grunde, weil dort meine Geschichte handelt.“ Herr Baum berührte mich sanft am Arm: „Verzeihen Sie, welche Geschichte?“ Seine kleinen Augen gingen etwas beängstigt hin und her.

Ich beruhigte ihn: „Irgendeine, verehrter Herr, keine irgendwie nennenswerte. Ich kann Ihnen auch nicht sagen, wann sie geschah. Vielleicht unter dem Dogen Alvise Moncenigo IV., aber es kann auch etwas früher oder später gewesen sein. Die Bilder von Carpaccio, wenn Sie solche gesehen haben sollten, sind wie auf purpurnem Samt gemalt, überall bricht etwas Warmes, gleichsam Waldiges durch, und um die gedämpften Lichter darin drängen sich horchende Schatten. Giorgione hat auf mattem, alterndem Gold, Tizian auf schwarzem Atlas gemalt, aber in der Zeit, von der ich rede, liebte man lichte Bilder, auf einen Grund von weißer Seide gesetzt, und der Name, mit dem man spielte, den schöne Lippen in die Sonne warfen und den reizende Ohren auffingen, wenn er zitternd niederfiel, dieser Name ist Gian Battista Tiepolo.

Aber das alles kommt in meiner Geschichte nicht vor. Es geht nur das wirkliche Venedig an, die Stadt der Paläste, der Abenteuer, der Masken und der blassen Lagunennächte, die wie keine anderen Nächte sonst den Ton von heimlichen Romanzen tragen. – In dem Stück Venedig, von dem ich erzähle, sind nur arme tägliche Geräusche, die Tage gehen gleichförmig darüber hin, als ob es nur ein einziger wäre, und die Gesänge, die man dort vernimmt, sind wachsende Klagen, die nicht aufsteigen und wie ein wallender Qualm über den Gassen lagern. Sobald es dämmert, treibt sich viel scheues Gesindel dort herum, unzählige Kinder haben ihre Heimat auf den Plätzen und in den engen kalten Haustüren und spielen mit Scherben und Abfällen von buntem Glasfluß, demselben, aus dem die Meister die ernsten Mosaiken von San Marco fügten. Ein Adeliger kommt selten in das Ghetto. Höchstens zur Zeit, wenn die Judenmädchen zum Brunnen kommen, kann man manchmal eine Gestalt, schwarz, im Mantel und mit Maske bemerken. Gewisse Leute wissen aus Erfahrung, daß diese Gestalt einen Dolch in den Falten verborgen trägt. Jemand will einmal im Mondlicht das Gesicht des Jünglings gesehen haben, und es wird seither behauptet, dieser schwarze schlanke Gast sei Marcantonio Priuli, Sohn des Proveditore Nicolò Priuli und der schönen Catharina Minelli. Man weiß, er wartet unter dem Torweg des Hauses von Isaak Rosso, geht dann, wenn es einsam wird, quer über den Platz und tritt bei dem alten Melchisedech ein, dem reichen Goldschmied, der viele Söhne und sieben Töchter und von den Söhnen und Töchtern viele Enkel hat. Die jüngste Enkelin, Esther, erwartet ihn, an den greisen Großvater geschmiegt, in einem niederen, dunklen Gemach, in welchem vieles glänzt und glüht, und Seide und Samt hängt sanft über den Gefäßen, wie um ihre vollen, goldenen Flammen zu stillen. Hier sitzt Marcantonio auf einem silbergestickten Kissen, dem greisen Juden zu Füßen und erzählt von Venedig, wie von einem Märchen, das es nirgendwo jemals ganz so gegeben hat. Er erzählt von den Schauspielen, von den Schlachten des venezianischen Heeres, von fremden Gästen, von Bildern und Bildsäulen, von der „Sensa" am Himmelfahrtstage, von dem Karneval und von der Schönheit seiner Mutter Catharina Minelli. Alles das ist für ihn von ähnlichem Sinn, verschiedene Ausdrücke für Macht und Liebe und Leben. Den beiden Zuhörern ist alles fremd; denn die Juden sind streng ausgeschlossen von jedem Verkehr, und auch der reiche Melchisedech betritt niemals das Gebiet des Großen Rates, obwohl er als Goldschmied und weil er allgemeine Achtung genoß, es hätte wagen dürfen. In seinem langen Leben hat der Alte seinen Glaubensgenossen, die ihn alle wie einen Vater fühlten, manche Vergünstigung vom Rate verschafft, aber er hatte auch immer wieder den Rückschlag erlebt. Sooft ein Unheil über den Staat hereinbrach, rächte man sich an den Juden; die Venezianer selbst waren von viel zu verwandtem Geiste, als daß sie, wie andere Völker, die Juden für den Handel gebraucht hätten, sie quälten sie mit Abgaben, beraubten sie ihrer Güter und beschränkten immer mehr das Gebiet des Ghetto, so daß die Familien, die sich mitten in aller Not fruchtbar vermehrten, gezwungen waren, ihre Häuser aufwärts, eines auf das Dach des anderen zu bauen. Und ihre Stadt, die nicht am Meere lag, wuchs so langsam in den Himmel hinaus, wie in ein anderes Meer, und um den Platz mit dem Brunnen erhoben sich auf allen Seiten die steilen Gebäude wie die Wände irgendeines Riesenturms.

Der reiche Melchisedech, in der Wunderlichkeit des hohen Alters, hatte seinen Mitbürgern, Söhnen und Enkeln einen befremdlichen Vorschlag gemacht. Er wollte immer das jeweilig höchste dieser winzigen Häuser, die sich in zahllosen Stockwerken übereinanderschoben, bewohnen. Man erfüllte ihm diesen seltsamen Wunsch gerne, denn man traute ohnehin nicht mehr der Tragkraft der unteren Mauern und setzte oben so leichte Steine auf, daß der Wind die Wände gar nicht zu bemerken schien. So siedelte der Greis zwei- bis dreimal im Jahre um und Esther, die ihn nicht verlassen wollte, immer mit ihm. Schließlich waren sie hoch, daß, wenn sie aus der Enge ihres Gemachs auf das flache Dach traten, in der Höhe ihrer Stirnen schon ein anderes Land begann, von dessen Gebräuchen der Alte in dunklen Worten, halb psalmend, sprach. Es war jetzt sehr weit zu ihnen hinauf; durch viele fremde Leben hindurch, über steile und glitschige Stufen, an scheltenden Weibern vorüber und über die Überfälle hungernder Kinder hinaus ging der Weg, und seine vielen Hindernisse beschränkten jeden Verkehr. Auch Marcantonio kam nicht mehr zu Besuch, und Esther vermißte ihn kaum. Sie hatte ihn in den Stunden, da sie mit ihm allein gewesen war, so groß und lange angeschaut, daß ihr schien, er wäre damals tief in ihre dunklen Augen gestürzt und gestorben, und jetzt begönne in ihr selbst sein neues, ewiges Leben, an das er als Christ doch geglaubt hatte. Mit diesem neuen Gefühl in ihrem jungen Leib stand sie tagelang auf dem Dache und suchte das Meer. Aber so hoch die Behausung auch war, man erkannte zuerst nur den Giebel des Palazzo Foscari, irgendeinen Turm, die Kuppel einer Kirche, eine fernere Kuppel, wie frierend im Licht, und dann ein Gitter von Masten, Balken, Stangen vor dem Rand des feuchten, zitternden Himmels.

Gegen Ende dieses Sommers zog der Alte, obwohl ihm das Steigen schon schwer fiel, allen Widerreden zum Trotz, dennoch um; denn man hatte eine neue Hütte, hoch über allen, gebaut. Als er nach so langer Zeit wieder über den Platz ging, von Esther gestützt, da drängten sich viele um ihn und neigten sich über seine tastenden Hände und baten ihn um seinen Rat in vielen Dingen; denn er war ihnen wie ein Toter, der aus seinem Grabe steigt, weil irgendeine Zeit sich erfüllt hat. Und so schien es auch. Die Männer erzählten ihm, daß in Venedig ein Aufstand sei, der Adel sei in Gefahr, und über ein kurzes würden die Grenzen des Ghetto fallen, und alle würden sich der gleichen Freiheit erfreuen. Der Alte antwortete nichts und nickte nur, als sei ihm dieses alles längst bekannt und noch vieles mehr. Er trat in das Haus des Isaak Rosso, auf dessen Gipfel seine neue Wohnung lag, und stieg, einen halben Tag lang, hinauf. Oben bekam Esther ein blondes, zartes Kind. Nachdem sie sich erholt hatte, trug sie es auf den Armen hinaus auf das Dach und legte zum erstenmal den ganzen goldenen Himmel in seine offenen Augen. Es war ein Herbstmorgen von unbeschreiblicher Klarheit. Die Dinge dunkelten, fast ohne Glanz, nur einzelne fliegende Lichter ließen sich, wie auf große Blumen, auf sie nieder, ruhten eine Weile und schwebten dann über die goldlinigen Konturen hinaus in den Himmel. Und dort, wo sie verschwanden, erblickte man von dieser höchsten Stelle, was noch keiner vom Ghetto aus je gesehen hatte –, ein stilles, silbernes Licht: das Meer. Und erst jetzt, da Esthers Augen sich an die Herrlichkeit gewöhnt hatten, bemerkte sie am Rande des Daches, ganz vorn, Melchisedech. Er erhob sich mit ausgebreiteten Armen und zwang seine matten Augen, in den Tag zu schauen, der sich langsam entfaltete. Seine Arme blieben hoch, seine Stirne trug einen strahlenden Gedanken; es war, als ob er opferte.

Dann ließ er sich immer wieder vornüberfallen und preßte den alten Kopf an die schlechten kantigen Steine. Das Volk aber stand unten auf dem Platze versammelt und blickte herauf. Einzelne Gebärden und Worte erhoben sich aus der Menge, aber sie reichten nicht bis zu dem einsam betenden Greise. Und das Volk sah den Ältesten und den Jüngsten wie in den Wolken. Der Alte aber fuhr fort, sich stolz zu erheben und aufs neue in Demut zusammenzubrechen, eine ganze Zeit. Und die Menge unten wuchs und ließ ihn nicht aus den Augen: Hat er das Meer gesehen oder Gott, den Ewigen, in seiner Glorie?“

Herr Baum bemühte sich, recht schnell etwas zu bemerken. Es gelang ihm nicht gleich. „Das Meer wahrscheinlich,“ – sagte er dann trocken, „es ist ja auch ein Eindruck“ – wodurch er sich besonders aufgeklärt und verständig erwies.

Ich verabschiedete mich eilig, aber ich konnte mich doch nicht enthalten, ihm nachzurufen: „Vergessen Sie nicht, die Begebenheit Ihren Kindern zu erzählen.“ Er besann sich: „Den Kindern? Wissen Sie, da ist dieser junge Adlige, dieser Antonio, oder wie er heißt, ein ganz und gar nicht schöner Charakter und dann: das Kind, dieses Kind! Das dürfte doch – für Kinder–“ „O,“ beruhigte ich ihn, „Sie haben vergessen, verehrter Herr, daß die Kinder von Gott kommen! Wie sollten die Kinder zweifeln, daß Esther eines bekam, da sie doch so nahe am Himmel wohnt!“

Auch diese Geschichte haben die Kinder vernommen, und wenn man sie fragt, wie sie darüber denken, was der alte Jude Melchisedech wohl erblickt haben mag in seiner Verzückung, so sagen sie ohne nachzusinnen: „O, das Meer auch."

Von Einem, der die Steine belauscht

Ich bin schon wieder bei meinem lahmen Freunde. Er lächelt in seiner eigentümlichen Art: „Und von Italien haben Sie mir noch nie erzählt." „Das soll heißen, ich möge es so bald als möglich nachholen?"

Ewald nickt und schließt schon die Augen, um zuzuhören. Ich fange also an. „Was wir Frühling fühlen, sieht Gott als ein flüchtiges, kleines Lächeln über die Erde gehen. Sie scheint sich an etwas zu erinnern, im Sommer erzählt sie allen davon, bis sie weiser wird in der großen, herbstlichen Schweigsamkeit, mit welcher sie sich Einsamen vertraut. Alle Frühlinge, welche Sie und ich erlebt haben, zusammengenommen, reichen noch nicht aus, eine Sekunde Gottes zu füllen. Der Frühling, den Gott bemerken soll, darf nicht in Bäumen und auf Wiesen bleiben, er muß irgendwie in den Menschen mächtig werden, denn dann geht er sozusagen nicht in der Zeit, vielmehr in der Ewigkeit vor sich und in Gegenwart Gottes.

Als dieses einmal geschah, mußten Gottes Blicke in ihren dunkeln Schwingen über Italien hängen. Das Land unten war hell, die Zeit glänzte wie Gold, aber quer darüber, wie ein dunkler Weg, lag der Schatten eines breiten Mannes, schwer und schwarz, und weit davor der Schatten seiner schaffenden Hände, unruhig, zuckend, bald über Pisa, bald über Neapel, bald zerfließend auf der ungewissen Bewegung des Meeres. Gott konnte seine Augen nicht abwenden von diesen Händen, die ihm zuerst gefaltet schienen, wie betende, – aber das Gebet, welches ihnen entquoll, drängte sie weit auseinander. Es wurde eine Stille in den Himmeln. Alle Heiligen folgten den Blicken Gottes und betrachteten wie er den Schatten, der halb Italien verhüllte, und die Hymnen der Engel blieben auf ihren Gesichtern stehen, und die Sterne zitterten, denn sie fürchteten, irgend etwas verschuldet zu haben, und warteten demütig auf Gottes zorniges Wort. Aber nichts dergleichen geschah. Die Himmel hatten sich in ihrer ganzen Breite über Italien aufgetan, so daß Raffael in Rom auf den Knien lag, und der selige Fra Angelico von Fiesole stand in einer Wolke und freute sich über ihn. Viele Gebete waren zu dieser Stunde von der Erde unterwegs. Gott aber erkannte nur eines: die Kraft Michelangelos stieg wie Duft von Weinbergen zu ihm empor. Und er duldete, daß sie seine Gedanken erfüllte. Er neigte sich tiefer, fand den schaffenden Mann, sah über seine Schultern fort auf die am Steine horchenden Hände und erschrak: sollten in den Steinen auch Seelen sein? Warum belauschte dieser Mann die Steine? Und nun erwachten ihm die Hände und wühlten den Stein auf wie ein Grab, darin eine schwache, sterbende Stimme flackert: „Michelangelo," rief Gott in Bangigkeit, „wer ist im Stein?" Michelangelo horchte auf; seine Hände zitterten. Dann antwortete er dumpf: „Du, mein Gott, wer denn sonst. Aber ich kann nicht zu dir." Und da fühlte Gott, daß er auch im Steine sei, und es wurde ihm ängstlich und enge. Der ganze Himmel war nur ein Stein, und er war mitten drin eingeschlossen und hoffte auf die Hände Michelangelos, die ihn befreien würden, und er hörte sie kommen, aber noch weit. Der Meister aber war wieder über dem Werke. Er dachte beständig: du bist nur ein kleiner Block, und ein anderer könnte in dir kaum einen Menschen finden. Ich aber fühle hier eine Schulter: es ist die des Josef von Arimathia, hier neigt sich Maria, ich spüre ihre zitternden Hände, welche Jesum, unseren Herrn, halten, der eben am Kreuze verstarb. Wenn in diesem kleinen Marmor diese drei Raum haben, wie sollte ich nicht einmal ein schlafendes Geschlecht aus einem Felsen heben? Und mit breiten Hieben machte er die drei Gestalten der Pietà frei, aber er löste nicht ganz die steinernen Schleier von ihren Gesichtern, als fürchtete er, ihre tiefe Traurigkeit könnte sich lähmend über seine Hände legen. So flüchtete er zu einem anderen Steine. Aber jedesmal verzagte er, einer Stirne ihre volle Klarheit, einer Schulter ihre reinste Rundung zu geben, und wenn er ein Weib bildete, so legte er nicht das letzte Lächeln um ihren Mund, damit ihre Schönheit nicht ganz verraten sei.

Zu dieser Zeit entwarf er das Grabdenkmal für Julius della Rovere. Einen Berg wollte er bauen über den eisernen Papst und ein Geschlecht dazu, welches diesen Berg bevölkerte. Von vielen dunkeln Plänen erfüllt, ging er hinaus nach seinen Marmorbrüchen. Über einem armen Dorf erhob sich steil der Hang. Umrahmt von Oliven und welkem Gestein, erschienen die frisch gebrochenen Flächen wie ein großes blasses Gesicht unter alterndem Haar. Lange stand Michelangelo vor seiner verhüllten Stirne. Plötzlich bemerkte er darunter zwei riesige Augen aus Stein, welche ihn betrachteten. Und Michelangelo fühlte seine Gestalt wachsen unter dem Einfluß dieses Blickes. Jetzt ragte auch er über dem Land, und es war ihm, als ob er von Ewigkeit her diesem Berg brüderlich gegenüberstände. Das Tal wich unter ihm zurück wie unter einem Steigenden, die Hütten drängten sich wie Herden aneinander, und näher und verwandter zeigte sich das Felsengesicht unter seinen weißen steinernen Schleiern. Es hatte einen wartenden Ausdruck, reglos und doch am Rande der Bewegung. Michelangelo dachte nach: „Man kann dich nicht zerschlagen, du bist ja nur Eines," und dann hob er seine Stimme: „Dich will ich vollenden, du bist mein Werk." Und er wandte sich nach Florenz zurück. Er sah einen Stern und den Turm vom Dom. Und um seine Füße war Abend.

Mit einem Mal, an der Porta Romana, zögerte er. Die beiden Häuserreihen streckten sich wie Arme nach ihm aus, und schon hatten sie ihn ergriffen und zogen ihn hinein in die Stadt. Und immer enger und dämmernder wurden die Gassen, und als er sein Haus betrat, da wußte er sich in dunkeln Händen, denen er nicht entgehen konnte. Er flüchtete in den Saal und von da in die niedere, kaum zwei Schritte lange Kammer, darin er zu schreiben pflegte. Ihre Wände legten sich an ihn, und es war, als kämpften sie mit seinen Übermaßen und zwängten ihn zurück in die alte, enge Gestalt. Und er duldete es. Er drückte sich in die Knie und ließ sich formen von ihnen. Er fühlte eine nie gekannte Demut in sich und hatte selbst den Wunsch, irgendwie klein zu sein. Und eine Stimme kam: „Michelangelo, wer ist in dir?“ Und der Mann in der schmalen Kammer legte die Stirn schwer in die Hände und sagte leise: „Du, mein Gott, wer denn sonst.“

Und da wurde es weit um Gott, und er hob sein Gesicht, welches über Italien war, frei empor und schaute um sich: in Mänteln und Mitren standen die Heiligen da, und die Engel gingen mit ihren Gesängen wie mit Krügen voll glänzenden Quells unter den dürstenden Sternen umher, und es war der Himmel kein Ende.“

Mein lahmer Freund hob seine Blicke und duldete, daß die Abendwolken sie mitzogen über den Himmel hin: „Ist Gott denn *dort*?“ fragte er. Ich schwieg. Dann neigte ich mich zu ihm: „Ewald, sind wir denn *hier*?“ Und wir hielten uns herzlich die Hände.

Wie der Fingerhut dazu kam, der liebe Gott zu sein

Als ich vom Fenster forttrat, waren die Abendwolken immer noch da. Sie schienen zu warten. Soll ich ihnen auch eine Geschichte erzählen? Ich schlug es ihnen vor. Aber sie hörten mich gar nicht. Um mich verständlich zu machen und die Entfernung zwischen uns zu beschränken, rief ich: „Ich bin auch eine Abendwolke." Sie blieben stehen, offenbar betrachteten sie mich. Dann streckten sie mir ihre feinen, durchscheinenden rötlichen Flügel entgegen. Das ist die Art, wie Abendwolken sich begrüßen. Sie hatten mich erkannt.

„Wir sind über der Erde," – erklärten sie – „genauer über Europa, und du?" Ich zögerte: „Es ist da ein Land –" „Wie sieht es aus?" erkundigten sie sich. „Nun," entgegnete ich – „Dämmerung mit Dingen –" „Das ist Europa auch", lachte eine junge Wolke. „Möglich," sagte ich, „aber ich habe immer gehört: die Dinge in Europa sind tot." „Ja, allerdings", bemerkte eine andere verächtlich. „Was wäre das für ein Unsinn: lebende Dinge?" „Nun," beharrte ich, „meine leben. Das ist also der Unterschied. Sie können verschiedenes werden, und ein Ding, welches als Bleistift oder als Ofen zur Welt kommt, muß deshalb noch nicht an seinem Fortkommen verzweifeln. Ein Bleistift kann mal ein Stock, wenn es gut geht, ein Mastbaum, ein Ofen aber mindestens ein Stadttor werden."

„Du scheinst mir eine recht einfältige Abendwolke zu sein", sagte die junge Wolke, welche sich schon früher so wenig zurückhaltend ausgedrückt hatte. Ein alter Wolkerich fürchtete, sie könnte mich beleidigt haben. „Es gibt ganz verschiedene Länder," begütigte er, „ich war einmal über ein kleines deutsches Fürstentum geraten, und ich glaube bis heute nicht, daß das zu Europa gehörte.“ Ich dankte ihm und sagte: „Wir werden uns schwer einigen können, sehe ich. Erlauben Sie, ich werde Ihnen einfach das erzählen, was ich in der letzten Zeit unter mir erblickte, das wird wohl das beste sein.“ „Bitte“, gestattete der weise Wolkerich im Auftrage aller. Ich begann: „Menschen sind in einer Stube. Ich bin ziemlich hoch, müßt ihr wissen, und so kommt es: sie sehen für mich wie Kinder aus; deshalb will ich auch einfach sagen: Kinder. Also: Kinder sind in einer Stube. Zwei, fünf, sechs, sieben Kinder. Es würde zu lange dauern, sie um ihre Namen zu fragen. Übrigens scheinen die Kinder eifrig etwas zu besprechen; bei dieser Gelegenheit wird sich ja der eine oder der andere Name verraten. Sie stehen wohl schon eine ganze Weile so beisammen, denn der älteste (ich vernehme, daß er Hans gerufen wird) bemerkt gleichsam abschließend: „Nein, so kann es entschieden nicht bleiben. Ich habe gehört, früher haben die Eltern den Kindern am Abend immer, oder wenigstens an braven Abenden – Geschichten erzählt bis zum Einschlafen. Kommt so etwas heute vor?“ Eine kleine Pause, dann antwortete Hans selbst: „Es kommt nicht vor, nirgends. Ich für meinen Teil, auch weil ich schon groß bin gewissermaßen, schenke ihnen ja gern diese paar elenden Drachen, mit denen sie sich quälen würden, aber immerhin, es gehört sich, daß sie uns sagen, es gibt Nixen, Zwerge, Prinzen und Ungeheuer.“ „Ich habe eine Tante,“ bemerkte eine Kleine, „die erzählt mir manchmal –“ „Ach was,“ schneidet Hans kurz ab, „Tanten gelten nicht, die lügen.“ Die ganze Gesellschaft war sehr eingeschüchtert angesichts dieser kühnen, aber unwiderlegten Behauptung. Hans fährt fort: „Auch handelt es sich hier vor allem um die Eltern, weil diese gewissermaßen die Verpflichtung haben, uns in dieser Weise zu unterrichten: bei den anderen ist es mehr Güte. Verlangen kann man es nicht von ihnen. Aber gebt nur mal acht: was tun unsere Eltern? Sie gehen mit bösen gekränkten Gesichtern umher, nichts ist ihnen recht, sie schreien und schelten, aber dabei sind sie doch so gleichgültig, und wenn die Welt unterginge, sie würden es kaum bemerken. Sie haben etwas, was sie „Ideale" nennen. Vielleicht ist das auch so eine Art kleine Kinder, die nicht allein bleiben dürfen und sehr viel Mühe machen; aber dann hätten sie eben uns nicht haben dürfen. Nun, ich denke so, Kinder: daß die Eltern uns vernachlässigen, ist traurig, gewiß. Aber wir würden das dennoch ertragen, wenn es nicht ein Beweis wäre dafür, daß die Großen überhaupt dumm werden, zurückgehen, wenn man so sagen darf. Wir können ihren Verfall nicht aufhalten; denn wir können den ganzen Tag keinen Einfluß auf sie ausüben, und kommen wir spät aus der Schule nach Haus, wird kein Mensch verlangen, daß wir uns hinsetzen und versuchen, sie für etwas Vernünftiges zu interessieren. Es tut einem auch recht weh, wenn man so unter der Lampe sitzt und sitzt, und die Mutter begreift nicht einmal den pythagoreischen Lehrsatz. Nun, es ist einmal nicht anders. So werden die Großen immer dümmer werden ... es schadet nichts: was kann uns dabei verloren gehen? die Bildung? Sie ziehen den Hut voreinander, und wenn eine Glatze dabei zum Vorschein kommt, so lachen sie.

Überhaupt: sie lachen beständig. Wenn wir nicht dann und wann so vernünftig wären, zu weinen, es gäbe durchaus kein Gleichgewicht auch in diesen Angelegenheiten. Dabei sind sie von einem Hochmut: sie behaupten sogar, der Kaiser sei ein Erwachsener. Ich habe in den Zeitungen gelesen, der König von Spanien sei ein Kind, so ist es mit allen Königen und Kaisern, – laßt euch nur nichts einreden! Aber neben allem Überflüssigen haben die Großen doch etwas, was uns durchaus nicht gleichgültig sein kann: den lieben Gott. Ich habe ihn zwar noch bei keinem von ihnen gesehen, – aber gerade das ist verdächtig. Es ist mir eingefallen, sie könnten ihn in ihrer Zerstreutheit, Geschäftigkeit und Hast irgendwo verloren haben. Nun ist er aber etwas durchaus Notwendiges. Verschiedenes kann ohne ihn nicht geschehen, die Sonne kann nicht aufgehen, keine Kinder können kommen, aber auch das Brot wird aufhören. Wenn es auch beim Bäcker herauskommt, der liebe Gott sitzt und dreht die großen Mühlen. Es lassen sich leicht viele Gründe finden, weshalb der liebe Gott etwas Unentbehrliches ist. Aber so viel steht fest, die Großen kümmern sich nicht um ihn, also müssen wir Kinder es tun. Hört, was ich mir ausgedacht habe. Wir sind genau sieben Kinder. Jedes muß den lieben Gott einen Tag tragen, dann ist er die ganze Woche bei uns, und man weiß immer, wo er sich gerade befindet.“

Hier entstand eine große Verlegenheit. Wie sollte das geschehen? Konnte man denn den lieben Gott in die Hand nehmen oder in die Tasche stecken? Dazu erzählte ein Kleiner: „Ich war allein im Zimmer. Eine kleine Lampe brannte nahe bei mir, und ich saß im Bett und sagte mein Abendgebet – sehr laut. Es rührte sich etwas in meinen gefalteten Händen. Es war weich und warm und wie ein kleines Vögelchen. Ich konnte die Hände nicht auftun, denn das Gebet war noch nicht aus. Aber ich war sehr neugierig und betete furchtbar schnell. Dann beim Amen machte ich so (der Kleine streckte die Hände aus und spreizte die Finger), aber es war nichts da."

Das konnten sich alle vorstellen. Auch Hans wußte keinen Rat. Alle schauten ihn an. Und auf einmal sagte er: „Das ist ja dumm. Ein jedes Ding kann der liebe Gott sein. Man muß es ihm nur sagen." Er wandte sich an den ihm zunächst stehenden, rothaarigen Knaben. „Ein Tier kann das nicht. Es läuft davon. Aber ein Ding, siehst du, es steht, du kommst in die Stube, bei Tag, bei Nacht, es ist immer da, es kann wohl der liebe Gott sein." Allmählich überzeugten sich die andern davon. „Aber wir brauchen einen kleinen Gegenstand, den man überall mittragen kann, sonst hat es ja keinen Sinn. Leert einmal alle eure Taschen aus." Da zeigten sich nun sehr seltsame Dinge: Papierschnitzel, Federmesser, Radiergummi, Federn, Bindfaden, kleine Steine, Schrauben, Pfeifen, Holzspänchen und vieles andere, was sich aus der Ferne gar nicht erkennen läßt, oder wofür der Name mir fehlt. Und alle diese Dinge lagen in den seichten Händen der Kinder, wie erschrocken über die plötzliche Möglichkeit, der liebe

Gott zu werden, und welches von ihnen ein bißchen glänzen konnte, glänzte, um dem Hans zu gefallen. Lange schwankte die Wahl. Endlich fand sich bei der kleinen Resi ein Fingerhut, den sie ihrer Mutter einmal weggenommen hatte. Er war licht wie aus Silber, und um seiner Schönheit willen wurde er der liebe Gott. Hans selbst steckte ihn ein, denn er begann die Reihe, und alle Kinder gingen den ganzen Tag hinter ihm her und waren stolz auf ihn. Nur schwer einigte man sich, wer ihn morgen haben sollte, und Hans stellte in seiner Umsicht dann das Programm gleich für die ganze Woche fest, damit kein Streit ausbräche.

Diese Einrichtung erwies sich im ganzen als überaus zweckmäßig. Wer den lieben Gott gerade hatte, konnte man auf den ersten Blick erkennen. Denn der Betreffende ging etwas steifer und feierlicher und machte ein Gesicht wie am Sonntag. Die ersten drei Tage sprachen die Kinder von nichts anderem. Jeden Augenblick verlangte eines den lieben Gott zu sehen, und wenn sich der Fingerhut unter dem Einfluß seiner großen Würde auch gar nicht verändert hatte, das Fingerhutliche an ihm erschien jetzt nur als ein bescheidenes Kleid um seine wirkliche Gestalt. Alles ging nach der Ordnung vor sich. Am Mittwoch hatte ihn Paul, am Donnerstag die kleine Anna. Der Samstag kam. Die Kinder spielten Fangen und tollten atemlos durcheinander, als Hans plötzlich rief: „Wer hat denn den lieben Gott?“ Alle standen. Jedes sah das andere an. Keines erinnerte sich, ihn seit zwei Tagen gesehen zu haben. Hans zählte ab, wer an der Reihe sei;

es kam heraus: die kleine Marie. Und nun verlangte man ohne weiteres von der kleinen Marie den lieben Gott. Was war da zu tun? Die Kleine kratzte in ihren Taschen herum. Jetzt fiel ihr erst ein, daß sie ihn am Morgen erhalten hatte; aber jetzt war er fort, wahrscheinlich hatte sie ihn hier beim Spielen verloren.

Und als alle Kinder nach Hause gingen, blieb die Kleine auf der Wiese zurück und suchte. Das Gras war ziemlich hoch. Zweimal kamen Leute vorüber und fragten, ob sie etwas verloren hätte. Jedesmal antwortete das Kind: „Einen Fingerhut" – und suchte. Die Leute taten eine Weile mit, wurden aber bald des Bückens müde, und einer riet im Fortgehen: „Geh lieber nach Haus, man kann ja einen neuen kaufen." Dennoch suchte Mariechen weiter. Die Wiese wurde immer fremder in der Dämmerung, und das Gras begann naß zu werden. Da kam wieder ein Mann. Er beugte sich über das Kind: „Was suchst du?" Jetzt antwortete Mariechen, nicht weit vom Weinen, aber tapfer und trotzig: „Den lieben Gott." Der Fremde lächelte, nahm sie einfach bei der Hand, und sie ließ sich führen, als ob jetzt alles gut wäre. Unterwegs sagte der fremde Mann: „Und sieh mal, was ich heute für einen schönen Fingerhut gefunden habe."

Die Abendwolken waren schon längst ungeduldig. Jetzt wandte sich der weiße Wolkerich, welcher indessen dick geworden war, zu mir: „Verzeihen Sie, dürfte ich nicht den Namen des Landes – über welchem

Sie –“ Aber die anderen Wolken liefen lachend in den Himmel hinein und zogen den Alten mit.

Ein Märchen vom Tod und eine fremde Nachschrift dazu

Ich schaute noch immer hinauf in den langsam verlöschenden Abendhimmel, als jemand sagte: „Sie scheinen sich ja für das Land da oben sehr zu interessieren?“

Mein Blick fiel schnell, wie heruntergeschossen, und ich erkannte: ich war an die niedere Mauer unseres kleinen Kirchhofs geraten, und vor mir, jenseits derselben, stand der Mann mit dem Spaten und lächelte ernst. „Ich interessiere mich wieder für dieses Land hier“, ergänzte er und wies nach der schwarzen, feuchten Erde, welche an manchen Stellen hervorsah aus den vielen welken Blättern, die sich rauschend rührten, während ich nicht wußte, daß ein Wind begonnen hatte. Plötzlich sagte ich, von heftigem Abscheu erfaßt: „Warum tun Sie das da?“ Der Totengräber lächelte immer noch: „Es ernährt einen auch – und dann, ich bitte Sie, tun nicht die meisten Menschen das gleiche? Sie begraben Gott dort, wie ich die Menschen hier.“ Er zeigte nach dem Himmel und erklärte mir: „Ja, das ist auch ein großes Grab, im Sommer stehen wilde Vergißmeinnicht drauf –“ Ich unterbrach ihn: „Es gab eine Zeit, wo die Menschen Gott im Himmel begruben, das ist wahr –“. „Ist das anders geworden?“ fragte er seltsam traurig. Ich fuhr fort: „Einmal warf jeder eine Hand Himmel über ihn, ich weiß. Aber da war er eigentlich schon nicht mehr dort, oder doch –". Ich zögerte.

„Wissen Sie," begann ich dann von neuem, „in alten Zeiten beteten die Menschen so." Ich breitete die Arme aus und fühlte unwillkürlich meine Brust groß werden dabei. „Damals warf sich Gott in alle diese Abgründe voll Demut und Dunkelheit, und nur ungern kehrte er in seine Himmel zurück, die er, unvermerkt, immer näher über die Erde zog. Aber ein neuer Glaube begann. Da dieser den Menschen nicht verständlich machen konnte, worin sein neuer Gott sich von jenem alten unterscheide (sobald er ihn nämlich zu preisen begann, erkannten die Menschen sofort den einen alten Gott auch hier), so veränderte der Verkünder des neuen Gebotes die Art zu beten. Er lehrte das Händefalten und entschied: „Seht, unser Gott will so gebeten sein, also ist er ein anderer als der, den ihr bisher in euren Armen glaubtet zu empfangen." Die Menschen sahen das ein, und die Gebärde der offenen Arme wurde eine verächtliche und schreckliche, und später heftete man sie ans Kreuz, um sie allen als ein Symbol der Not und des Todes zu zeigen.

Als Gott aber das nächste Mal wieder auf die Erde niederblickte, erschrak er. Neben den vielen gefalteten Händen hatte man viele gotische Kirchen gebaut, und so streckten sich ihm die Hände und die Dächer, gleich steil und scharf, wie feindliche Waffen entgegen. Bei Gott ist eine andere Tapferkeit. Er kehrte in seine Himmel zurück, und als er merkte, daß die Türme und die neuen Gebete hinter ihm her wuchsen, da ging er auf der anderen Seite aus seinen Himmeln hinaus und entzog sich so der Verfolgung. Er war selbst überrascht, jenseits von seiner strahlenden Heimat ein beginnendes Dunkel zu finden, das ihn schweigend empfing, und er ging mit einem seltsamen Gefühl immer weiter in dieser Dämmerung, welche ihn an die Herzen der Menschen erinnerte. Da fiel es ihm zuerst ein, daß die Köpfe der Menschen licht, ihre Herzen aber voll eines ähnlichen Dunkels sind, und eine Sehnsucht überkam ihn, in den Herzen der Menschen zu wohnen und nicht mehr durch das klare, kalte Wachsein ihrer Gedanken zu gehen. Nun, Gott hat seinen Weg fortgesetzt. Immer dichter wird um ihn die Dunkelheit, und die Nacht, durch die er sich drängt, hat etwas von der duftenden Wärme fruchtbarer Schollen. Und nicht lange mehr, so strecken sich ihm die Wurzeln entgegen mit der alten schönen Gebärde des breiten Gebetes. Es gibt nichts Weiseres als den Kreis. Der Gott, der uns in den Himmeln entfloh, aus der Erde wird er uns wiederkommen. Und, wer weiß, vielleicht graben gerade Sie einmal das Tor ...“ Der Mann mit dem Spaten sagte: „Aber das ist ein Märchen.“ „In unserer Stimme“, erwiderte ich leise, „wird alles Märchen, denn es kann sich ja in ihr nie begeben haben.“ Der Mann schaute eine Weile vor sich hin. Dann zog er mit heftigen Bewegungen den Rock an und fragte: „Wir können ja wohl zusammen gehen?“ Ich nickte: „Ich gehe nach Hause. Es wird wohl derselbe Weg sein. Aber wohnen Sie nicht hier?“ Er trat aus der kleinen Gittertür, legte sie sanft in ihre klagenden Angeln zurück und entgegnete: „Nein.“

Nach ein paar Schritten wurde er vertraulicher: „Sie haben ganz recht gehabt vorhin. Es ist seltsam, daß sich niemand findet, der das tun mag, das da draußen. Ich habe früher nie daran gedacht. Aber jetzt, seit ich älter werde, kommen mir manchmal Gedanken, eigentümliche Gedanken, wie der mit dem Himmel, und noch andere. Der Tod. Was weiß man davon? Scheinbar alles und vielleicht nichts. Oft stehen die Kinder (ich weiß nicht, wem sie gehören) um mich, wenn ich arbeite. Und mir fällt gerade so etwas ein. Dann grabe ich wie ein Tier, um alle meine Kraft aus dem Kopfe fortzuziehen und sie in den Armen zu verbrauchen. Das Grab wird viel tiefer, als die Vorschrift verlangt, und ein Berg Erde wächst daneben auf. Die Kinder aber laufen davon, da sie meine wilden Bewegungen sehen. Sie glauben, daß ich irgendwie zornig bin.“ Er dachte nach. „Und es ist ja auch eine Art Zorn. Man wird abgestumpft, man glaubt es überwunden zu haben, und plötzlich ... Es hilft nichts, der Tod ist etwas Unbegreifliches, Schreckliches.“

Wir gingen eine lange Straße unter schon ganz blätterlosen Obstbäumen, und der Wald begann, uns zur Linken, wie eine Nacht, die jeden Augenblick auch über uns hereinbrechen kann. „Ich will Ihnen eine kleine Geschichte berichten,“ versuchte ich, „sie reicht gerade bis an den

Ort.“ Der Mann nickte und zündete sich seine kurze, alte Pfeife an. Ich erzählte:

„Es waren zwei Menschen, ein Mann und ein Weib, und sie hatten einander lieb. Liebhaben, das heißt nichts annehmen, von nirgends, alles vergessen und von *einem* Menschen alles empfangen wollen, das was man schon besaß und alles andere. So wünschten es die beiden Menschen gegenseitig. Aber in der Zeit, im Tage, unter den vielen, wo alles kommt und geht, oft ehe man eine wirkliche Beziehung dazu gewinnt, läßt sich ein solches Liebhaben gar nicht durchführen, die Ereignisse kommen von allen Seiten, und der Zufall öffnet ihnen jede Tür.

Deshalb beschlossen die beiden Menschen aus der Zeit in die Einsamkeit zu gehen, weit fort vom Uhrenschlagen und von den Geräuschen der Stadt. Und dort erbauten sie sich in einem Garten ein Haus. Und das Haus hatte zwei Tore, eines an seiner rechten, eines an seiner linken Seite. Und das rechte Tor war des Mannes Tor, und alles Seine sollte durch dasselbe in das Haus einziehen. Das linke aber war das Tor des Weibes; und was ihres Sinnes war, sollte durch seinen Bogen eintreten. So geschah es. Wer zuerst erwachte am Morgen, stieg hinab und tat sein Tor auf. Und da kam dann bis spät in die Nacht gar manches herein, wenn auch das Haus nicht am Rande des Weges lag. Zu denen, die zu empfangen verstehen, kommt die Landschaft ins Haus und das Licht und ein Wind mit einem Duft auf den Schultern und viel anderes mehr.

Aber auch Vergangenheiten, Gestalten, Schicksale traten durch die beiden Tore ein, und allen wurde die gleiche, schlichte Gastlichkeit zuteil, so daß sie meinten, seit immer in dem Heidehaus gewohnt zu haben. So ging es eine lange Zeit fort, und die beiden Menschen waren sehr glücklich dabei. Das linke Tor war etwas häufiger geöffnet, aber durch das rechte traten buntere Gäste ein. Vor diesem wartete auch eines Morgens – der Tod. Der Mann schlug seine Tür eilends zu, als er ihn bemerkte, und hielt sie den ganzen Tag über fest verschlossen. Nach einiger Zeit tauchte der Tod vor dem linken Eingang auf. Zitternd warf das Weib das Tor zu und schob den breiten Riegel vor. Sie sprachen nicht miteinander über dieses Ereignis, aber sie öffneten seltener die beiden Tore und suchten mit dem auszukommen, was im Hause war. Da lebten sie nun freilich viel ärmlicher als vorher. Ihre Vorräte wurden knapp, und es stellten sich Sorgen ein. Sie begannen beide, schlecht zu schlafen, und in einer solchen wachen, langen Nacht vernahmen sie plötzlich zugleich ein seltsames, schlürfendes und pochendes Geräusch. Es war hinter der Wand des Hauses, gleich weit entfernt von den beiden Toren, und klang, als ob jemand begänne, Steine auszubrechen, um ein neues Tor mitten in die Mauer zu bauen. Die beiden Menschen taten in ihrem Schrecken dennoch, als ob sie nichts Besonderes vernähmen. Sie begannen zu sprechen, lachten unnatürlich laut, und als sie müde wurden, war das Wühlen in der Wand verstummt. Seither bleiben die beiden Tore ganz geschlossen. Die Menschen leben wie Gefangene. Beide sind kränklich geworden und haben seltsame Einbildungen. Das Geräusch wiederholt sich von Zeit zu Zeit. Dann lachen sie mit ihren Lippen, während ihre Herzen fast sterben vor Angst. Und sie wissen beide, daß das Graben immer lauter und deutlicher wird, und müssen immer lauter sprechen und lachen mit ihren immer matteren Stimmen."

Ich schwieg. „Ja, ja –," sagte der Mann neben mir, „so ist es, das ist eine wahre Geschichte."

„Diese habe ich in einem alten Buche gelesen," fügte ich hinzu, „und da ereignete sich etwas sehr Merkwürdiges dabei. Hinter der Zeile, darin erzählt wird, wie der Tod auch vor dem Tore des Weibes erschien, war mit alter, verwelkter Tinte ein kleines Sternchen gezeichnet. Es sah aus den Worten wie aus Wolken hervor, und ich dachte einen Augenblick, wenn die Zeilen sich verzögen, so könnte offenbar werden, daß hinter ihnen lauter Sterne stehen, wie es ja wohl manchmal geschieht, wenn der Frühlingshimmel sich spät am Abend klärt. Dann vergaß ich des unbedeutenden Umstandes ganz, bis ich hinten im Einband des Buches dasselbe Sternchen, wie gespiegelt in einem See, in dem glatten Glanzpapier wiederfand, und nah unter demselben begannen zarte Zeilen, die wie Wellen in der blassen spiegelnden Fläche verliefen. Die Schrift war an vielen Stellen undeutlich geworden, aber es gelang mir doch, sie fast ganz zu entziffern. Da stand etwa:

„Ich habe diese Geschichte so oft gelesen, und zwar in allen möglichen Tagen, daß ich manchmal glaube, ich habe sie selbst, aus der Erinnerung, aufgezeichnet. Aber bei mir geht es im weiteren Verlaufe so zu, wie ich es hier niederschreibe. Das Weib hatte den Tod nie gesehen, arglos ließ sie ihn eintreten. Der Tod aber sagte etwas hastig, und wie einer, welcher kein gutes Gewissen hat: „Gib das deinem Mann." Und er fügte, als das Weib ihn fragend anblickte, eilig hinzu: „Es ist Samen, sehr guter Samen." Dann entfernte er sich, ohne zurückzusehen. Das Weib öffnete das Säckchen, welches er ihr in die Hand gelegt hatte; es fand sich wirklich eine Art Samen darin, harte, häßliche Körner. Da dachte das Weib: der Same ist etwas Unfertiges, Zukünftiges. Man kann nicht wissen, was aus ihm wird. Ich will diese unschönen Körner nicht meinem Manne geben, sie sehen gar nicht aus wie ein Geschenk. Ich will sie lieber in das Beet unseres Gartens drücken und warten, was sich aus ihnen erhebt. Dann will ich ihn davor führen und ihm erzählen, wie ich zu dieser Pflanze kam. Also tat das Weib auch. Dann lebten sie dasselbe Leben weiter. Der Mann, der immer daran denken mußte, daß der Tod vor seinem Tore gestanden hatte, war anfangs etwas ängstlich, aber da er das Weib so gastlich und sorglos sah wie immer, tat auch er bald wieder die breiten Flügel seines Tores auf, so daß viel Leben und Licht in das Haus hereinkam. Im nächsten Frühjahr stand mitten im Beete zwischen den schlanken Feuerlilien ein kleiner Strauch. Er hatte schmale, schwärzliche Blätter, etwas spitz, ähnlich denen des Lorbeers, und es lag ein sonderbarer Glanz auf ihrer Dunkelheit. Der Mann nahm sich täglich vor, zu fragen, woher diese Pflanze stamme. Aber er unterließ es täglich. In einem verwandten Gefühl verschwieg auch das Weib von einem Tag zum andern die Aufklärung. Aber die unterdrückte Frage auf der einen, die nie gewagte Antwort auf der anderen Seite führte die beiden Menschen oft bei diesem Strauch zusammen, der sich in seiner grünen Dunkelheit so seltsam von dem Garten unterschied. Als das nächste Frühjahr kam, da beschäftigten sie sich wie mit den anderen Gewächsen auch mit dem Strauch, und sie wurden traurig, als er, umringt von lauter steigenden Blüten, unverändert und stumm, wie im ersten Jahr, gegen alle Sonne taub, sich erhob. Damals beschlossen sie, ohne es einander zu verraten, gerade diesem im dritten Frühjahr ihre ganze Kraft zu widmen, und als dieses Frühjahr erschien, erfüllten sie leise und Hand in Hand, was sich jeder versprochen hatte. Der Garten umher verwilderte, und die Feuerlilien schienen blasser als sonst zu sein. Aber einmal, als sie nach einer schweren, bedeckten Nacht in den Morgengarten, den stillen, schimmernden traten, da wußten sie: aus den schwarzen, scharfen Blättern des fremden Strauches war unversehrt eine blasse, blaue Blüte gestiegen, welcher die Knospenschalen schon an allen Seiten enge wurden. Und sie standen davor vereint und schweigend, und jetzt wußten sie sich erst recht nichts zu sagen. Denn sie dachten: nun blüht der Tod, und neigten sich zugleich, um den Duft der jungen Blüte zu kosten. – Seit diesem Morgen aber ist alles anders geworden in der Welt.“ So stand es in dem Einband des alten Buches“, schloß ich.

„Und wer das geschrieben hat?“ drängte der Mann.

„Eine Frau nach der Schrift“, antwortete ich. „Aber was hätte es geholfen, nachzuforschen. Die Buchstaben waren sehr verblaßt und etwas altmodisch. Wahrscheinlich war sie schon längst tot.“

Der Mann war ganz in Gedanken. Endlich bekannte er: „Nur eine Geschichte, und doch rührt es einen so an.“ „Nun, das ist, wenn man selten Geschichten hört“, begütigte ich. „Meinen Sie?“ Er reichte mir seine Hand, und ich hielt sie fest. „Aber ich möchte sie gerne weitersagen. Das darf man doch?“ Ich nickte. Plötzlich fiel ihm ein: „Aber ich habe niemanden. Wem sollte ich sie auch erzählen?“ „Nun, das ist einfach; den Kindern, die Ihnen manchmal zusehen kommen. Wem sonst?“

Die Kinder haben auch richtig die letzten drei Geschichten gehört. Allerdings, die von den Abendwolken wiederholte, nur teilweise, wenn ich gut unterrichtet bin. Die Kinder sind ja klein und darum von den Abendwolken viel weiter als wir. Doch das ist bei dieser Geschichte ganz gut. Trotz der langen, wohlgesetzten Rede des Hans würden sie erkennen, daß die Sache unter Kindern spielt, und meine Erzählung kritisch als Sachverständige betrachten. Aber es ist besser, daß sie nicht erfahren, mit welcher Anstrengung und wie ungeschickt wir die Dinge erleben, die ihnen so ganz mühelos und einfach geschehen.

Ein Verein aus einem dringenden Bedürfnis heraus

Ich erfahre erst, daß unser Ort auch eine Art Künstlerverein besitzt. Er ist kürzlich aus einem, wie man sich leicht vorstellen kann, sehr dringenden Bedürfnis entstanden, und es geht das Gerücht, daß er „blüht". Wenn Vereine gar nicht wissen, was sie anfangen sollen, dann blühen sie; sie haben gehört, daß man dies tun muß, um ein richtiger Verein zu sein.

Ich muß nicht sagen, daß Herr Baum Ehrenmitglied, Gründer, Fahnenvater und alles übrige in einer Person ist und Mühe hat, die verschiedenen Würden auseinanderzuhalten. Er sandte mir einen jungen Mann, der mich einladen sollte, an den „Abenden" teilzunehmen. Ich dankte ihm, wie es sich von selbst versteht, sehr höflich und fügte hinzu, daß meine ganze Tätigkeit seit etwa fünf Jahren im Gegenteil bestehe. „Es vergeht, stellen Sie sich vor," erklärte ich ihm mit dem entsprechenden Ernst, „seit dieser Zeit keine Minute, in welcher ich nicht aus irgendeinem Verbande austrete, und doch gibt es noch immer Gesellschaften, welche mich sozusagen enthalten." Der junge Mann schaute erst erschreckt, dann mit dem Ausdruck respektvollen Bedauerns auf meine Füße. Er mußte ihnen das „Austreten" ansehen, denn er nickte verständig mit dem Kopfe. Das gefiel mir gut, und da ich gerade fortgehen mußte, schlug ich ihm vor, mich ein Stückchen zu begleiten. So gingen wir durch den Ort und darüber hinaus, dem Bahnhof zu, denn ich hatte in der Umgebung zu tun. Wir sprachen über mancherlei Dinge; ich erfuhr, daß der junge

Mann Musiker sei. Er hatte es mir bescheiden mitgeteilt, ansehen konnte man es ihm nicht. Außer seinen zahlreichen Haaren zeichnete ihn eine große, gleichsam springende Bereitwilligkeit aus. Auf diesem nicht allzu langen Weg hob er mir zwei Handschuhe auf, hielt mir den Schirm, als ich etwas in meinen Taschen suchte, machte mich errötend darauf aufmerksam, daß mir etwas im Barte hinge, daß mir Ruß auf der Nase säße, und dabei wurden ihm die mageren Finger lang, als sehnten sie sich danach, sich meinem Gesichte auf diese Weise hilfreich zu nähern. In seinem Eifer blieb der junge Mensch sogar bisweilen zurück und holte mit sichtlichem Vergnügen die welken Blätter, die im Herabflattern hängen geblieben waren, aus den Ästen der Sträucher. Ich sah ein, daß ich durch diese beständigen Verzögerungen den Zug versäumen würde (der Bahnhof war noch ziemlich weit), und entschloß mich, meinem Begleiter eine Geschichte zu erzählen, um ihn ein wenig an meiner Seite zu halten. Ich begann ohne weiteres: „Mir ist der Verlauf einer derartigen Gründung bekannt, welche auf wirklicher Notwendigkeit beruhte. Sie werden sehen. Es ist nicht sehr lange her, da fanden sich drei Maler durch Zufall in einer alten Stadt zusammen. Die drei Maler sprachen natürlich nicht von Kunst. Es schien wenigstens so. Sie verbrachten den Abend in der Hinterstube eines alten Gasthauses damit, sich Reiseabenteuer und Erlebnisse verschiedener Art mitzuteilen, ihre Geschichten wurden immer kürzer und wörtlicher, und endlich blieben noch ein paar Witze übrig, mit denen sie beständig hin und her warfen. Um jedem Mißverständnis vorzubeugen, muß ich übrigens gleich sagen, daß es wirkliche Künstler waren, gewissermaßen von der Natur beabsichtigte, keine zufälligen. Dieser öde Abend in der Hinterstube kann nichts daran ändern; man wird ja auch gleich erfahren, wie er weiter verlief. Es traten andere Leute, profane, in dieses Gasthaus ein, die Maler fühlten sich gestört und brachen auf. Mit dem Augenblick, da sie aus dem Tor traten, waren sie andere Leute. Sie gingen in der Mitte der Gasse, einer vom anderen etwas getrennt. Auf ihren Gesichtern waren noch die Spuren des Lachens, diese merkwürdige Unordnung der Züge, aber die Augen waren bei allen schon ernst und betrachtend. Plötzlich stieß der in der Mitte den Rechten an. Der verstand ihn sofort. Da war vor ihnen eine Gasse, schmal, von feiner, warmer Dämmerung erfüllt. Sie stieg etwas an, so daß sie perspektivisch sehr zur Geltung kam, und hatte etwas ungemein Geheimnisvolles und doch wieder Vertrautes. Die drei Maler ließen das einen Augenblick auf sich wirken. Sie sprachen nichts, denn sie wußten: sagen kann man das nicht. Sie waren ja deshalb Maler geworden, weil es manches gibt, was man nicht sagen kann. Plötzlich erhob sich der Mond irgendwo, zeichnete den einen Giebel silbern nach, und es stieg ein Lied aus einem Hofe auf. „Grobe Effekthascherei –“ brummte der Mittlere, und sie gingen weiter. Sie schritten jetzt etwas näher nebeneinander hin, obwohl sie immer noch die ganze Breite der Gasse brauchten. So gerieten sie unversehens auf einen Platz. Jetzt war es der rechts, welcher die anderen aufmerksam machte. In dieser breiteren, freieren Szene hatte der Mond nichts

Störendes, im Gegenteil, es war geradezu notwendig, daß er vorhanden war. Er ließ den Platz größer erscheinen, gab den Häusern ein überraschendes, lauschendes Leben, und die beleuchtete Fläche des Pflasters wurde mitten rücksichtslos von einem Brunnen und seinem schweren Schlagschatten unterbrochen, eine Kühnheit, welche den Malern ausnehmend imponierte. Sie stellten sich nahe zusammen und saugten sozusagen an den Brüsten dieser Stimmung. Aber sie wurden unangenehm unterbrochen. Eilige, leichte Schritte näherten sich, aus dem Dunkel des Brunnens löste sich eine männliche Gestalt, empfing jene Schritte, und was sonst zu ihnen gehörte, mit der üblichen Zärtlichkeit, und der schöne Platz war auf einmal eine erbärmliche Illustration geworden, von welcher sich die drei Maler wie ein Maler abwandten. „Da ist schon wieder dieses verdammte novellistische Element", schrie der rechts, indem er das Liebespaar am Brunnen mit diesem korrekt technischen Ausdruck begriff. Vereint in ihrem Groll, wanderten die Maler noch lange planlos in der Stadt herum, immerfort Motive entdeckend, aber auch jedesmal aufs neue empört durch die Art, mit welcher irgendein banaler Umstand die Stille und Einfachheit jedes Bildes zunichte machte. Gegen Mitternacht saßen sie im Gasthof in der Wohnstube des Linken, des Jüngsten, beisammen und dachten nicht ans Schlafengehen. Die nächtliche Wanderung hatte eine Menge Pläne und Entwürfe in ihnen wachgerufen, und da sie zugleich bewiesen hatte, daß sie *eines* Geistes seien im Grunde, tauschten sie jetzt, im höchsten Maße interessiert, ihre gegenseitigen Ansichten aus. Man kann nicht behaupten, daß sie tadellose Sätze hervorbrachten, sie schlugen mit ein paar Worten herum, die kein profaner Mensch begriffen hätte, aber untereinander verständigten sie sich dadurch so gut, daß sämtliche Zimmernachbarn bis gegen vier Uhr morgens nicht einschlafen konnten. Das lange Beisammensitzen hatte aber einen wirklichen, sichtbaren Erfolg. Etwas wie ein Verein wurde gebildet; das heißt, er war eigentlich schon da im Augenblick, als die Absichten und Ziele der drei Künstler sich so verwandt erwiesen, daß man sie nur schwer voneinander trennen konnte. Der erste gemeinsame Beschluß des „Vereins" erfüllte sich sofort. Man zog drei Stunden weit ins Land und mietete gemeinsam einen Bauernhof. In der Stadt zu bleiben, hätte zunächst keinen Sinn gehabt. Erst wollte man sich draußen den „Stil" erwerben, die gewisse persönliche Sicherheit, den Blick, die Hand und wie alle die Dinge heißen, ohne welche ein Maler zwar leben, aber nicht malen kann. – Zu allen diesen Tugenden sollte das Zusammenhalten helfen, der „Verein" eben, – besonders aber das Ehrenmitglied dieses Vereins: die Natur. Unter „Natur" stellen sich die Maler alles vor, was der liebe Gott selbst gemacht hat oder doch gemacht haben könnte, unter Umständen. Ein Zaun, ein Haus, ein Brunnen – alle diese Dinge sind ja meistens menschlichen Ursprungs. Aber wenn sie eine Zeitlang in der Landschaft stehen, so daß sie gewisse Eigenschaften von den Bäumen und Büschen und von ihrer anderen Umgebung angenommen haben, so gehen sie gleichsam in den

Besitz Gottes über und damit auch in das Eigentum des Malers. Denn Gott und der Künstler haben dasselbe Vermögen und dieselbe Armut je nachdem. – Nun, an der Natur, welche um den gemeinsamen Bauernhof sich erstreckte, glaubte Gott gewiß keinen besonderen Reichtum zu besitzen. Es dauerte indessen nicht lang, so belehrten ihn die Maler eines Besseren. Die Gegend war flach, das ließ sich nicht leugnen. Aber durch die Tiefe ihrer Schatten und die Höhe ihrer Lichter waren Abgründe und Gipfel vorhanden, zwischen denen eine Unzahl von Mitteltönen jenen Regionen weiter Wiesen und fruchtbarer Felder entsprach, die den materiellen Wert einer gebirgigen Gegend ausmachen. Es waren nur wenig Bäume vorhanden und fast alle von derselben Art, botanisch betrachtet. Durch die Gefühle indessen, welche sie ausdrückten, durch die Sehnsucht irgendeines Astes oder die sanfte Ehrfurcht des Stammes erschienen sie als eine große Anzahl individueller Wesen, und manche Weide war eine Persönlichkeit, die den Malern durch die Vielseitigkeit und Tiefe ihres Charakters Überraschung um Überraschung bereitete. Die Begeisterung war so groß, man fühlte sich so sehr eins in dieser Arbeit, daß es nichts bedeuten will, daß jeder der drei Maler nach Verlauf eines halben Jahres ein eigenes Haus bezog; das hatte gewiß rein räumliche Gründe. Aber etwas anderes wird man hier doch erwähnen müssen. Die Maler wollten irgendwie das einjährige Bestehen ihres Vereines, aus dem in so kurzer Zeit so viel Gutes gekommen war, feiern, und jeder entschloß sich, zu diesem Zweck heimlich die Häuser der anderen zu malen. An dem bestimmten Tage kamen sie, jeder mit seinen Bildern, zusammen. Es traf sich, daß sie gerade von ihren jeweiligen Wohnungen, deren Lage, Zweckmäßigkeit usw. sich unterhielten. Sie ereiferten sich ziemlich stark, und es geschah, daß während des Gesprächs jeder seiner mitgebrachten Ölskizzen vergaß und spät nachts mit dem uneröffneten Paket zu Hause ankam. Wie das geschehen konnte, ist schwer begreiflich. Aber sie zeigten sich auch in der nächsten Zeit ihre Bilder nicht, und wenn der eine den andern besuchte (was infolge vieler Arbeit immer seltener geschah), fand er auf der Staffelei des Freundes Skizzen aus jener ersten Zeit, da sie noch gemeinsam denselben Bauernhof bewohnten. Aber einmal entdeckte der Rechte (er wohnte jetzt auch zur Rechten, kann also weiter so heißen) bei dem, welchen ich den Jüngsten genannt habe, eines jener genannten, nicht verratenen Jubiläumsbilder. Er betrachtete es eine Weile nachdenklich, trat damit ans Licht und lachte plötzlich: „Schau, das hab ich gar nicht gewußt, nicht ohne Glück hast du da mein Haus aufgefaßt. Eine wahrhaft geistreiche Karikatur. Mit diesen Übertreibungen in Form und Farbe, mit dieser kühnen Ausgestaltung meines allerdings etwas betonten Giebels, wirklich, es liegt etwas darin.“ Der Jüngste machte keines seiner vorteilhaftesten Gesichter, im Gegenteil; er ging zum Mittleren in seiner Bestürzung, um sich von ihm, dem Besonnensten, beruhigen zu lassen, denn er war nach Vorfällen solcher Art gleich kleinmütig und geneigt, an seiner Begabung zu zweifeln. Er traf den Mittleren nicht zu Haus und stöberte ein wenig im Atelier umher, wobei ihm gleich ein Bild in die Augen fiel, das ihn merkwürdig abstieß. Es war ein Haus, aber ein richtiger Narr mußte darin wohnen. Diese Fassade! Das konnte nur irgendeiner gebaut haben, der von Architektur keine Idee hatte und der seine armseligen, malerischen Ideen anwandte auf ein Gebäude. Plötzlich stellte der Jüngste das Bild fort, als ob es ihm die Finger verbrannt hätte. An dem linken Rande desselben hatte er das Datum jenes ersten Jubiläums gelesen und daneben: „Das Haus unseres Jüngsten." Er wartete natürlich den Hausherrn nicht ab, sondern kehrte etwas verstimmt nach Hause zurück. Der Jüngste und der rechts waren seither vorsichtig geworden. Sie suchten sich entfernte Motive und dachten selbstverständlich nicht daran, für das Fest des zweijährigen Bestehens ihres so förderlichen Vereins etwas vorzubereiten. Um so eifriger arbeitete der ahnungslose Mittlere daran, ein Motiv, das der Wohnung des Rechten zunächst lag, zu malen. Etwas Unbestimmtes hielt ihn davon ab, dessen Haus selbst zum Vorwand seiner Arbeit zu wählen. – Als er dem Rechtswohnenden das fertige Bild überbrachte, verhielt sich dieser merkwürdig zurückhaltend, schaute es nur flüchtig an und bemerkte etwas Beiläufiges. Dann, nach einer Weile sagte er: „Ich habe übrigens gar nicht gewußt, daß du so weit verreist warst in der letzten Zeit." „Wieso, weit? Verreist?" Der Mittlere begriff nicht ein Wort. „Nun – diese tüchtige Arbeit da," erwiderte der andere, „offenbar doch irgendein holländisches Motiv –". Der besonnene Mittlere lachte laut auf. „Köstlich, dieses holländische Motiv befindet sich vor deiner Türe." Und er wollte sich gar nicht beruhigen. Aber der Vereinsgenosse lachte nicht, gar nicht. Er quälte sich ein Lächeln ab und meinte: „Ein guter Witz." „Aber ganz und gar nicht, mach mal die Tür auf, ich will dir gleich zeigen –", und der Mittlere ging selbst auf die Türe zu. „Halt," befahl der Hausherr, „und ich erkläre dir somit, daß ich diese Gegend nie gesehen habe und auch nie sehen werde, weil sie für mein Auge überhaupt nicht existenzfähig ist." „Aber", machte der mittlere Maler erstaunt. „Du bleibst dabei?" fuhr der Rechte gereizt fort, „gut, ich reise heute noch ab. Du zwingst mich fortzugehen, denn ich wünsche nicht, in dieser Gegend zu leben. Verstanden?" – Damit war die Freundschaft zu Ende, aber nicht der Verein; denn er ist bis heute nicht statutengemäß aufgelöst worden. Niemand hat daran gedacht, und man kann von ihm mit vollstem Rechte sagen, daß er sich über die ganze Erde verbreitet hat."

„Man sieht", unterbrach mich der bereitwillige junge Mann, der schon beständig die Lippen spitzte, „wieder einer jener kolossalen Erfolge des Vereinslebens; gewiß sind viele hervorragende Meister aus dieser innigen Verbindung hervorgegangen –". „Erlauben Sie," bat ich, und er stäubte mir unversehens den Ärmel ab, „das war eigentlich erst die Einleitung zu meiner Geschichte, obwohl sie komplizierter ist als die Geschichte selbst. Also, ich sagte, daß der Verein sich über die ganze Erde verbreitet hatte, und dieses ist Tatsache. Seine drei Mitglieder flohen in wahrem Entsetzen voneinander. Nirgends war ihnen Ruhe gewährt. Immer fürchtete jeder,

der andere könnte noch ein Stück seines Landes erkennen und durch seine ruchlose Darstellung entweihen, und als sie schon an drei entgegengesetzten Punkten der irdischen Peripherie angelangt waren, kam jedem der trostlose Einfall, daß sein Himmel, der Himmel, den er mühsam durch seine wachsende Eigenart erworben hatte, den anderen noch erreichbar sei. In diesem erschütternden Augenblick begannen sie, alle drei zugleich, mit ihren Staffeleien nach rückwärts zu gehen, und noch fünf Schritte, und sie wären vom Rande der Erde in die Unendlichkeit gefallen und müßten jetzt in rasender Geschwindigkeit die doppelte Bewegung um diese und um die Sonne vollführen. Aber Gottes Teilnahme und Aufmerksamkeit verhütete dieses grausame Schicksal. Gott erkannte die Gefahr und trat im letzten Moment (was hätte er auch sonst tun sollen?) heraus, in die Mitte des Himmels. Die drei Maler erschraken. Sie stellten die Staffelei fest und setzten die Palette auf. Diese Gelegenheit durften sie sich nicht entgehen lassen. Der liebe Gott erscheint nicht alle Tage und auch nicht jedem. Und jeder der Maler meinte natürlich, Gott stünde nur vor ihm. Im übrigen vertieften sie sich immer mehr in die interessante Arbeit. Und jedesmal, wenn Gott wieder zurück in den Himmel will, bittet der heilige Lukas ihn, noch eine Weile draußen zu bleiben, bis die drei Maler mit ihren Bildern fertig sind."

„Und die Herren haben diese Bilder ohne Zweifel schon ausgestellt, vielleicht gar verkauft?" fragte der Musiker in den sanftesten Tönen. „Wo denken Sie hin“, wehrte ich ab. „Sie malen immer noch an Gott und werden ihn wohl bis an ihr eigenes Ende malen. Sollten sie aber (was ich für ausgeschlossen halte) noch einmal im Leben zusammenkommen und sich die Bilder, die sie von Gott inzwischen gemalt haben, zeigen, wer weiß: vielleicht würden diese Bilder sich kaum voneinander unterscheiden.“

Da war auch schon der Bahnhof. Ich hatte noch fünf Minuten Zeit. Ich dankte dem jungen Mann für seine Begleitung und wünschte ihm alles Glück für den jungen Verein, den er so ausgezeichnet vertrat. Er tippte mit dem rechten Zeigefinger den Staub auf, der die Fensterbretter des kleinen Wartesaals zu bedrücken schien, und war sehr in Gedanken. Ich muß gestehen, ich schmeichelte mir schon, meine kleine Geschichte hätte ihn so nachdenklich gestimmt. Als er mir zum Abschied einen roten Faden aus dem Handschuh zog, riet ich ihm aus Dankbarkeit: „Sie können zurück ja über die Felder gehen, dieser Weg ist bedeutend näher als die Straße.“ „Verzeihen Sie,“ verneigte sich der bereitwillige junge Mann, „ich werde doch wieder die Straße nehmen. Ich suche mich eben zu besinnen, wo das war. Während Sie die Güte hatten, mir einiges wirklich Bedeutende zu erzählen, glaubte ich eine Vogelscheuche im Acker zu bemerken, in einem alten Rock, und der eine – mir scheint der linke Ärmel war hängen geblieben an einem Pfahl, so daß er durchaus nicht wehte. Ich fühle nun gewissermaßen die Verpflichtung, meinen kleinen Tribut an den gemeinsamen Interessen der Menschheit, die mir auch als eine Art Verein erscheint, in welchem jeder etwas zu leisten hat, dadurch zu entrichten, daß ich diesen linken Ärmel seinem eigentlichen Sinne, nämlich: zu wehen, zurückgebe ...“ Der junge Mann entfernte sich mit dem liebenswürdigsten Lächeln. Ich aber hätte beinah meinen Zug versäumt.

Bruchstücke dieser Geschichte wurden von dem jungen Manne an einem „Abende“ des Vereines gesungen. Weiß Gott, wer ihm die Musik dazu erfunden hat. Herr Baum, der Fahnenvater, hat sie den Kindern mitgebracht, und die Kinder haben sich einige Melodien daraus gemerkt.

Der Bettler und das stolze Fräulein

Es traf sich, daß wir – der Herr Lehrer und ich – Zeugen wurden folgender kleinen Begebenheit. Bei uns, am Waldrand, steht bisweilen ein alter Bettler. Auch heute war er wieder da, ärmer, elender als je, durch ein mitleidiges Mimikry fast ununterscheidbar von den Latten des morschen Bretterzauns, an denen er lehnte. Aber da begab es sich, daß ein ganz kleines Mädchen auf ihn zugelaufen kam, um ihm eine kleine Münze zu schenken. Das war weiter nicht verwunderlich, überraschend war nur, wie sie das tat. Sie machte einen schönen braven Knicks, reichte dem Alten rasch, als ob es niemand merken sollte, ihre Gabe, knickste wieder und war schon davon. Diese beiden Knickse aber waren mindestens eines

Kaisers wert. Das ärgerte den Herrn Lehrer ganz besonders. Er wollte rasch auf den Bettler zugehen, wahrscheinlich, um ihn von seiner Zaunlatte zu verjagen; denn wie man weiß, war er im Vorstand des Armenvereins und gegen den Straßenbettel eingenommen. Ich hielt ihn zurück. „Die Leute werden von uns unterstützt, ja man kann wohl sagen, versorgt", eiferte er. „Wenn sie auf der Straße auch noch betteln, so ist das einfach – Übermut." „Verehrter Herr Lehrer" – suchte ich ihn zu beruhigen, aber er zog mich immer noch nach dem Waldrand hin. „Verehrter Herr Lehrer –," bat ich, „ich muß Ihnen eine Geschichte erzählen." „So dringend?" fragte er giftig. Ich nahm es ernst: „Ja, eben jetzt. Ehe Sie vergessen, was wir da gerade zufällig beobachtet haben." Der Lehrer mißtraute mir seit meiner letzten Geschichte. Ich las das von seinem Gesichte und begütigte: „Nicht vom lieben Gott, wirklich nicht. Der liebe Gott kommt in meiner Geschichte nicht vor. Es ist etwas Historisches." Damit hatte ich gewonnen. Man muß nur das Wort „Historie" sagen, und schon gehen jedem Lehrer die Ohren auf; denn die Historie ist etwas durchaus Achtbares, Unverfängliches und oft pädagogisch Verwendbares. Ich sah, daß der Herr Lehrer wieder seine Brille putzte, ein Zeichen, daß seine Sehkraft sich in die Ohren geschlagen hatte, und diesen günstigen Moment wußte ich geschickt zu benutzen. Ich begann:

„Es war in Florenz, Lorenzo de' Medici, jung, noch nicht Herrscher, hatte gerade sein Gedicht „Trionfo di Bacco ed Arianna“ ersonnen, und schon wurden alle Gärten davon laut. Damals gab es lebende Lieder. Aus dem Dunkel des Dichters stiegen sie in die Stimmen und trieben auf ihnen, wie auf silbernen Kähnen, furchtlos, ins Unbekannte. Der Dichter begann ein Lied, und alle, die es sangen, vollendeten es. Im „Trionfo“ wird, wie in den meisten Liedern jener Zeit, das Leben gefeiert, diese Geige mit den lichten, singenden Saiten und ihrem dunklen Hintergrund: dem Rauschen des Blutes. Die ungleich langen Strophen steigen in eine taumelnde Lustigkeit hinauf, aber dort, wo diese atemlos wird, setzt jedesmal ein kurzer, einfacher Kehrreim an, der sich von der schwindelnden Höhe niederneigt und, vor dem Abgrund bang, die Augen zu schließen scheint. Er lautet:

Wie schön ist die Jugend, die uns erfreut,
Doch wer will sie halten? Sie flieht und bereut,
Und wenn einer fröhlich sein will, der sei's heut,
Und für morgen ist keine Gewißheit.

Ist es wunderlich, daß über die Menschen, welche dieses Gedicht sangen, eine Hast hereinbrach, ein Bestreben, alle Festlichkeit auf dieses Heute zu türmen, auf den einzigen Fels, auf dem zu bauen sich verlohnt? Und so kann man sich das Gedränge der Gestalten auf den Bildern der

Florentiner Maler erklären, die sich bemühten, alle ihre Fürsten und Frauen und Freunde in einem Gemälde zu vereinen, denn man malte langsam, und wer konnte wissen, ob zur Zeit des nächsten Bildes alle noch so jung und bunt und einig sein würden. Am deutlichsten sprach dieser Geist der Ungeduld sich begreiflichermaßen bei den Jünglingen aus. Die glänzendsten von ihnen saßen nach einem Gastmahle auf der Terrasse des Palazzo Strozzi beisammen und plauderten von den Spielen, die demnächst vor der Kirche Santa Croce stattfinden sollten. Etwas abseits in einer Loggia stand Palla degli Albizzi mit seinem Freunde Tomaso, dem Maler. Sie schienen etwas in wachsender Erregung zu verhandeln, bis Tomaso plötzlich rief: „Das tust du nicht, ich wette, das tust du nicht!" Nun wurden die anderen aufmerksam. „Was habt ihr?" erkundigte sich Gaetano Strozzi und kam mit einigen Freunden näher. Tomaso erklärte: „Palla will auf dem Feste vor Beatrice Altichieri, dieser Hochmütigen, niederknien und sie bitten, sie möchte ihm gestatten, den staubigen Saum ihres Kleides zu küssen." Alle lachten, und Lionardo, aus dem Hause Ricardi, bemerkte: „Palla wird sich das überlegen; er weiß wohl, daß die schönsten Frauen ein Lächeln für ihn haben, das man sonst niemals bei ihnen sieht." Und ein anderer fügte hinzu: „Und Beatrice ist noch so jung. Ihre Lippen sind noch zu kinderhaft hart, um zu lächeln. Darum scheint sie so stolz." „Nein –," erwiderte Palla degli Albizzi mit übermäßiger Heftigkeit, „sie ist stolz, daran ist nicht ihre Jugend schuld. Sie ist stolz wie ein Stein in den Händen Michelangelos, stolz wie eine

Blume an einem Madonnenbild, stolz wie ein Sonnenstrahl, der über Diamanten geht –". Gaetano Strozzi unterbrach ihn etwas streng: „Und du, Palla, bist nicht auch du stolz? Was du da sagst, das kommt mir vor, als wolltest du dich unter die Bettler stellen, die um die Vesper im Hofe der Sma Annunziata warten, bis Beatrice Altichieri ihnen mit abgewendetem Gesicht einen Soldo schenkt." „Ich will auch dieses tun!" rief Palla mit glänzenden Augen, drängte sich durch die Freunde nach der Treppe durch und verschwand. Tomaso wollte ihm nach. „Laß," hielt Strozzi ihn ab, „er muß jetzt allein sein, da wird er am ehesten vernünftig werden." Dann zerstreuten sich die jungen Leute in die Gärten.

Im Vorhofe der Santissima Annunziata warteten auch an diesem Abend etwa zwanzig Bettler und Bettlerinnen auf die Vesper. Beatrice, welche sie alle dem Namen nach kannte und bisweilen auch in ihre armen Häuser an der Porta San Niccolò zu den Kindern und zu den Kranken kam, pflegte jeden von ihnen im Vorübergehen mit einem kleinen Silberstück zu beschenken. Heute schien sie sich etwas zu verspäten; die Glocken hatten schon gerufen, und nur Fäden ihres Klanges hingen noch an den Türmen über der Dämmerung. Es entstand eine Unruhe unter den Armen, auch weil ein neuer unbekannter Bettler sich in das Dunkel des Kirchentors geschlichen hatte, und eben wollten sie sich seiner erwehren in ihrem Neid, als ein junges Mädchen in schwarzem, fast nonnenhaftem Kleide im Vorhofe erschien und, durch ihre Güte gehemmt, von einem zum anderen ging, während eine der begleitenden Frauen den Beutel offen hielt, aus welchem sie ihre kleinen Gaben holte. Die Bettler stürzten in die Kniee, schluchzten und suchten ihre welken Finger eine Sekunde lang an die Schleppe des schlichten Kleides ihrer Wohltäterin zu legen, oder sie küßten auch den letzten Saum mit ihren nassen, stammelnden Lippen. Die Reihe war zu Ende; es hatte auch keiner von den Beatrice wohlbekannten Armen gefehlt. Aber da gewahrte sie unter dem Schatten des Tores noch eine fremde Gestalt in Lumpen und erschrak. Sie geriet in Verwirrung. Alle ihre Armen hatte sie schon als Kind gekannt, und sie zu beschenken, war ihr etwas Selbstverständliches geworden, eine Handlung wie etwa die, daß man die Finger in die Marmorschalen voll heiligen Wassers hält, die an den Türen jeder Kirche stehen. Aber es war ihr nie eingefallen, daß es auch fremde Bettler geben könnte; wie sollte man das Recht haben, auch diese zu beschenken, da man sich das Vertrauen ihrer Armut nicht verdient hatte durch irgendein Wissen darum? Wäre es nicht eine unerhörte Überhebung gewesen, einem Unbekannten ein Almosen zu reichen? Und im Widerstreit dieser dunkeln Gefühle ging das Mädchen, als ob es ihn nicht bemerkt hätte, an dem neuen Bettler vorbei und trat rasch in die kühle, hohe Kirche ein. Aber als drinnen die Andacht begann, konnte sie sich keines Gebetes erinnern. Eine Angst überkam sie, daß der arme Mann nach der Vesper nicht mehr am Tore zu finden sein würde und daß sie nichts getan hatte, seine Not zu lindern, während die Nacht so nahe war, darin alle Armut hilfloser und trauriger ist als am Tag.

Sie machte derjenigen von ihren Frauen, die den Beutel trug, ein Zeichen und zog sich mit ihr nach dem Eingang zurück. Dort war es indessen leer geworden; aber der Fremde stand immer noch, an eine Säule gelehnt, da und schien dem Gesang zu lauschen, der seltsam fern, wie aus Himmeln, aus der Kirche kam. Sein Gesicht war fast ganz verhüllt, wie es manchmal bei Aussätzigen der Fall ist, die ihre häßlichen Wunden erst entblößen, wenn man nahe vor ihnen steht und sie sicher sind, daß Mitleid und Ekel in gleichem Maße zu ihren Gunsten reden. Beatrice zögerte. Sie hatte den kleinen Beutel selbst in den Händen und fühlte nur wenige geringe Münzen darin. Aber mit einem raschen Entschluß trat sie auf den Bettler zu und sagte mit unsicherer, etwas singender Stimme und ohne die flüchtenden Blicke von den eigenen Händen zu heben: „Nicht um Euch zu kränken, Herr … mir ist, erkenn ich Euch recht, ich bin in Eurer Schuld. Euer Vater, ich glaube, hat in unserem Haus das reiche Geländer gemacht, aus getriebenem Eisen, wißt Ihr, welches die Treppe uns ziert. Später einmal – fand sich in der Kammer, – darin er manchmal bei uns zu arbeiten pflegte, – ein Beutel – ich denke, er hat ihn verloren – gewiß –“ Aber die hilflose Lüge ihrer Lippen drückte das Mädchen vor dem Fremden in die Kniee. Sie zwang den Beutel aus Brokat in seine vom Mantel verhüllten Hände und stammelte: „Verzeiht –“.

Sie fühlte noch, daß der Bettler zitterte. Dann flüchtete Beatrice mit der erschrockenen Begleiterin zurück in die Kirche. Aus dem eine Weile geöffneten Tor brach ein kurzer Jubel von Stimmen. – Die Geschichte ist zu Ende. Messer Palla degli Albizzi blieb in seinen Lumpen. Er verschenkte seine ganze Habe und ging barfuß und arm ins Land. Später soll er in der Nähe von Subiaco gewohnt haben."

„Zeiten, Zeiten", sagte der Herr Lehrer. „Was hilft das alles; er war auf dem Wege, ein Wüstling zu werden und wurde durch diese Begebenheit ein Landstreicher, ein Sonderling. Heute weiß gewiß kein Mensch mehr von ihm." „Doch," – erwiderte ich bescheiden, – „sein Name wird bisweilen bei den großen Litaneien in den katholischen Kirchen unter den Fürbittern genannt; denn er ist ein Heiliger geworden."

Die Kinder haben auch diese Geschichte vernommen, und sie behaupten, zum Ärger des Herrn Lehrer, auch in ihr käme der liebe Gott vor. Ich bin auch ein wenig erstaunt darüber; denn ich habe dem Herrn Lehrer doch versprochen, ihm eine Geschichte ohne den lieben Gott zu erzählen. Aber, freilich: die Kinder müssen es wissen!

Eine Geschichte, dem Dunkel erzählt

Ich wollte den Mantel umnehmen und zu meinem Freunde Ewald gehen. Aber ich hatte mich über einem Buche versäumt, einem alten Buche übrigens, und es war Abend geworden, wie es in Rußland Frühling wird. Noch vor einem Augenblick war die Stube bis in die fernsten Ecken klar, und nun taten alle Dinge, als ob sie nie etwas anderes gekannt hätten als

Dämmerung; überall gingen große dunkle Blumen auf, und wie auf Libellenflügeln glitt Glanz um ihre samtenen Kelche.

Der Lahme war gewiß nicht mehr am Fenster. Ich blieb also zu Haus. Was hatte ich ihm doch erzählen wollen? Ich wußte es nicht mehr. Aber eine Weile später fühlte ich, daß jemand diese verlorene Geschichte von mir verlangte, irgendein einsamer Mensch vielleicht, der fern am Fenster seiner finstern Stube stand, oder vielleicht dieses Dunkel selbst, das mich und ihn und die Dinge umgab. So geschah es, daß ich dem Dunkel erzählte. Und es neigte sich immer näher zu mir, so daß ich immer leiser sprechen konnte, ganz, wie es zu meiner Geschichte paßt. Sie handelt übrigens in der Gegenwart und beginnt:

Nach langer Abwesenheit kehrte Doktor Georg Laßmann in seine enge Heimat zurück. Er hatte nie viel dort besessen, und jetzt lebten ihm nur mehr zwei Schwestern in der Vaterstadt, beide verheiratet, wie es schien, gut verheiratet; diese nach zwölf Jahren wiederzusehen, war der Grund seines Besuchs. So glaubte er selbst. Aber nachts, während er im überfüllten Zuge nicht schlafen konnte, wurde ihm klar, daß er eigentlich um seiner Kindheit willen kam und hoffte in den alten Gassen irgend etwas wieder zu finden: ein Tor, einen Turm, einen Brunnen, irgendeinen Anlaß zu einer Freude oder zu einer Traurigkeit, an welcher er sich wieder erkennen konnte. Man verliert sich ja so im Leben. Und da fiel ihm verschiedenes ein: die kleine Wohnung in der Heinrichsgasse mit den glänzenden Türklinken und den dunkelgestrichenen Dielen, die geschonten Möbel und seine Eltern, diese beiden abgenützten Menschen, fast ehrfürchtig neben ihnen; die schnellen gehetzten Wochentage und die Sonntage, die wie ausgeräumte Säle waren, die seltenen Besuche, die man lachend und in Verlegenheit empfing, das verstimmte Klavier, der alte Kanarienvogel, der ererbte Lehnstuhl, auf dem man nicht sitzen durfte, ein Namenstag, ein Onkel, der aus Hamburg kommt, ein Puppentheater, ein Leierkasten, eine Kindergesellschaft, und jemand ruft: „Klara". Der Doktor wäre fast eingeschlafen. Man steht in einer Station, Lichter laufen vorüber, und der Hammer geht horchend durch die klingenden Räder. Und das ist wie: Klara, Klara. Klara, überlegt der Doktor, jetzt ganz wach, wer war das doch? Und gleich darauf fühlt er ein Gesicht, ein Kindergesicht mit blondem, glattem Haar. Nicht daß er es schildern könnte, aber er hat die Empfindung von etwas Stillem, Hilflosem, Ergebenem, von ein paar schmalen Kinderschultern, durch ein verwaschenes Kleidchen noch mehr zusammengepreßt, und er dichtet dazu ein Gesicht – aber da weiß er auch schon, er muß es nicht dichten. Es ist da – oder vielmehr es war da – damals. So erinnert sich Doktor Laßmann an seine einzige Gespielin Klara, nicht ohne Mühe. Bis zur Zeit, da er in eine Erziehungsanstalt kam, etwa zehn Jahre alt, hat er alles mit ihr geteilt, was ihm begegnete, das Wenige (oder das Viele?). Klara hatte keine Geschwister, und er hatte so gut wie keine; denn seine älteren Schwestern kümmerten sich nicht um ihn. Aber seither hat er niemanden je nach ihr gefragt. Wie war das doch möglich? Er lehnte sich zurück. Sie war ein frommes Kind, erinnerte er sich noch, und dann fragte er sich: Was mag aus ihr geworden sein? Eine Zeitlang ängstigte ihn der Gedanke, sie könnte gestorben sein. Eine unermeßliche Bangigkeit überfiel ihn in dem engen gedrängten Coupé; alles schien diese Annahme zu bestätigen: sie war ein kränkliches Kind, sie hatte es zu Hause nicht besonders gut, sie weinte oft; unzweifelhaft: sie ist tot. Der Doktor ertrug es nicht länger; er störte einzelne Schlafende und schob sich zwischen ihnen durch in den Gang des Waggons. Dort öffnete er ein Fenster und schaute hinaus in das Schwarz mit den tanzenden Funken. Das beruhigte ihn. Und als er später in das Coupé zurückkehrte, schlief er trotz der unbequemen Lage bald ein.

Das Wiedersehen mit den beiden verheirateten Schwestern verlief nicht ohne Verlegenheiten. Die drei Menschen hatten vergessen, wie weit sie einander, trotz ihrer engen Verwandtschaft, doch immer geblieben waren, und versuchten eine Weile, sich wie Geschwister zu benehmen. Indessen kamen sie bald stillschweigend überein, zu dem höflichen Mittelton ihre Zuflucht zu nehmen, den der gesellschaftliche Verkehr für alle Fälle geschaffen hat.

Es war bei der jüngeren Schwester, deren Mann in besonders günstigen Verhältnissen war, Fabrikant mit dem Titel kaiserlicher Rat; und es war nach dem vierten Gange des Diners, als der Doktor fragte: „Sag mal,

Sophie, was ist denn aus Klara geworden?" „Welcher Klara?" „Ich kann mich ihres Familiennamens nicht erinnern. Der kleinen, weißt du, der Nachbarstochter, mit der ich als Kind gespielt habe?" „Ach, Klara Söllner meinst du?" „Söllner, richtig, Söllner. Jetzt fällt mir erst ein: der alte Söllner, das war ja dieser gräßliche Alte – – aber was ist mit Klara?" Die Schwester zögerte: „Sie hat geheiratet – übrigens lebt sie jetzt ganz zurückgezogen." „Ja," machte der Herr Rat, und sein Messer glitt kreischend über den Teller, „ganz zurückgezogen." „Du kennst sie auch?" wandte sich der Doktor an seinen Schwager. „Ja-a-a – so flüchtig; sie ist ja hier ziemlich bekannt." Die beiden Gatten wechselten einen Blick des Einverständnisses. Der Doktor merkte, daß es ihnen aus irgendeinem Grunde unangenehm war, über diese Angelegenheit zu reden, und fragte nicht weiter.

Um so mehr Lust zu diesem Thema bewies der Herr Rat, als die Hausfrau die Herren beim schwarzen Kaffee zurückgelassen hatte. „Diese Klara," fragte er mit listigem Lächeln und betrachtete die Asche, die von seiner Zigarre in den silbernen Becher fiel, „sie soll doch ein stilles und überdies häßliches Kind gewesen sein?" Der Doktor schwieg. Der Herr Rat rückte vertraulich näher: "Das war eine Geschichte! – Hast du nie davon gehört?" „Aber ich habe ja mit niemandem gesprochen." „Was, gesprochen," lächelte der Rat fein, „man hat es ja in den Zeitungen lesen können." „Was?" fragte der Doktor nervös.

„Also, sie ist ihm durchgegangen“ –hinter einer Wolke Rauches her schickte der Fabrikant diesen überraschenden Satz und wartete in unendlichem Behagen die Wirkung desselben ab. Aber diese schien ihm nicht zu gefallen. Er nahm eine geschäftliche Miene an, setzte sich gerade und begann in anderem berichtenden Ton, gleichsam gekränkt. „Hm. Man hatte sie verheiratet an den Baurat Lehr. Du wirst ihn nicht mehr gekannt haben. Kein alter Mann, in meinem Alter. Reich, durchaus anständig, weißt du, durchaus anständig. Sie hatte keinen Groschen und war obendrein nicht schön, ohne Erziehung usw. Aber der Baurat wünschte ja auch keine große Dame, eine bescheidene Hausfrau. Aber die Klara – sie wurde überall in der Gesellschaft aufgenommen, man brachte ihr allgemein Wohlwollen entgegen, – wirklich – man benahm sich – also sie hätte sich eine Position schaffen können mit Leichtigkeit, weißt du – aber die Klara, eines Tages – kaum zwei Jahre nach der Hochzeit: fort ist sie. Kannst du dir denken: fort. Wohin? Nach Italien. Eine kleine Vergnügungsreise, natürlich nicht allein. Wir haben sie schon im ganzen letzten Jahr nicht eingeladen gehabt, – als ob wir geahnt hätten! Der Baurat, mein guter Freund, ein Ehrenmann, ein Mann –“

„Und Klara?“ unterbrach ihn der Doktor und erhob sich. „Ach so – ja, na die Strafe des Himmels hat sie erreicht. Also der Betreffende – man sagt ein Künstler, weißt du – ein leichter Vogel, natürlich nur so – Also wie sie aus Italien zurück waren, in München: adieu und ward nicht mehr gesehen. Jetzt sitzt sie mit ihrem Kind!“

Doktor Laßmann ging erregt auf und nieder: „In München?“ „Ja, in München“, antwortete der Rat und erhob sich gleichfalls. „Es soll ihr übrigens recht elend gehen“ „Was heißt elend –?“ „Nun,“ der Rat betrachtete seine Zigarre, „pekuniär und dann überhaupt – Gott – so eine Existenz – – –“ Plötzlich legte er seine gepflegte Hand dem Schwager auf die Schulter, seine Stimme gluckste vor Vergnügen: „Weißt du, übrigens erzählte man sich, sie lebe von –“ Der Doktor drehte sich kurz um und ging aus der Tür. Der Herr Rat, dem die Hand von der Schulter des Schwagers gefallen war, brauchte zehn Minuten, um sich von seinem Staunen zu erholen. Dann ging er zu seiner Frau hinein und sagte ärgerlich: „Ich hab es immer gesagt, dein Bruder ist ein Sonderling.“ Und diese, die eben eingenickt war, gähnte träge: „Ach Gott ja.“

Vierzehn Tage später reiste der Doktor ab. Er wußte mit einemmal, daß er seine Kindheit anderswo suchen müsse. In München fand er im Adreßbuch: Klara Söllner, Schwabing, Straße und Nummer. Er meldete sich an und fuhr hinaus. Eine schlanke Frau begrüßte ihn in einer Stube voll Licht und Güte.

„Georg, und Sie erinnern sich meiner?“

Der Doktor staunte. Endlich sagte er: „Also das sind Sie, Klara.“ Sie hielt ihr stilles Gesicht mit der reinen Stirn ganz ruhig, als wollte sie ihm Zeit geben, sie zu erkennen. Das dauerte lange. Schließlich schien der Doktor etwas gefunden zu haben, was ihm bewies, daß seine alte Spielgefährtin wirklich vor ihm stünde. Er suchte noch einmal ihre Hand und drückte sie; dann ließ er sie langsam los und schaute in der Stube umher. Diese schien nichts Überflüssiges zu enthalten. Am Fenster ein Schreibtisch mit Schriften und Büchern, an welchem Klara eben mußte gesessen haben. Der Stuhl war noch zurückgeschoben. „Sie haben geschrieben?“ ... und der Doktor fühlte, wie dumm diese Frage war. Aber Klara antwortete unbefangen: „Ja, ich übersetze.“ „Für den Druck?“ „Ja,“ sagte Klara einfach, „für einen Verlag.“ Georg bemerkte an den Wänden einige italienische Photographien. Darunter das „Konzert“ des Giorgione. „Sie lieben das?“ Er trat nahe an das Bild heran. „Und Sie? „Ich habe das Original nie gesehen; es ist in Florenz, nicht wahr?“ „Im Pitti. Sie müssen hinreisen.“ „Zu diesem Zweck?“ „Zu diesem Zweck.“ Eine freie und einfache Heiterkeit war über ihr. Der Doktor sah nachdenklich auf.

„Was haben Sie, Georg. Wollen Sie sich nicht setzen?“ „Ich bin traurig“, zögerte er. „Ich habe gedacht – aber Sie sind ja gar nicht elend –“ fuhr es plötzlich heraus. Klara lächelte: „Sie haben meine Geschichte gehört?“ „Ja, das heißt–“ „O,“ unterbrach ihn Klara schnell, als sie merkte, daß seine Stirn sich verdunkelte, „es ist nicht die Schuld der Menschen, daß sie anders davon reden. Die Dinge, die wir erleben, lassen sich oft nicht ausdrücken, und wer sie dennoch erzählt, muß notwendig Fehler begehen–." Pause. Und der Doktor: „Was hat Sie so gütig gemacht? „"Alles", sagte sie leise und warm. „Aber warum sagen Sie: gütig?" „Weil – weil Sie eigentlich hätten hart werden müssen. Sie waren ein so schwaches, hilfloses Kind; solche Kinder werden später entweder hart oder –" „Oder sie sterben – wollen Sie sagen. Nun, ich bin auch gestorben. O, ich bin viele Jahre gestorben. Seit ich Sie zum letztenmal gesehen habe, zu Haus, bis –" Sie langte etwas vom Tische her: „Sehen Sie, das ist sein Bild. Es ist etwas geschmeichelt. Sein Gesicht ist nicht so klar, aber – lieber, einfacher. Ich werde Ihnen dann gleich unser Kind zeigen, es schläft jetzt nebenan. Es ist ein Bub. Heißt Angelo, wie er. Er ist jetzt fort, auf Reisen, weit."

„Und Sie sind ganz allein?" fragte der Doktor zerstreut, immer noch über dem Bilde.

„Ja, ich und das Kind. Ist das nicht genug? Ich will Ihnen erzählen, wie das kommt. Angelo ist Maler. Sein Name ist wenig bekannt, Sie werden ihn nie gehört haben. Bis in die letzte Zeit hat er gerungen mit der Welt, mit seinen Plänen, mit sich und mit mir. Ja, auch mit mir; denn ich bat ihn seit einem Jahr: du mußt reisen. Ich fühlte, wie sehr ihm das not tat. Einmal sagte er scherzend: „Mich oder ein Kind?" Ein Kind, sagte ich, und dann reiste er."

„Und wann wird er zurückkehren?"

„Bis das Kind seinen Namen sagen kann, so ist es abgemacht.“ Der Doktor wollte etwas bemerken. Aber Klara lachte: „Und da es ein schwerer Name ist, wird es noch eine Weile dauern. Angelino wird im Sommer erst zwei Jahre.“

„Seltsam“, sagte der Doktor. „Was, Georg?“ „Wie gut Sie das Leben verstehen. Wie groß Sie geworden sind, wie jung. Wo haben Sie Ihre Kindheit hingetan? – wir waren doch beide so – so hilflose Kinder. Das läßt sich doch nicht ändern oder ungeschehen machen.“ „Sie meinen also, wir hätten an unserer Kindheit leiden müssen, von Rechts wegen?“ „Ja, gerade das meine ich. An diesem schweren Dunkel hinter uns, zu dem wir so schwache, so ungewisse Beziehungen behalten. Da ist eine Zeit: wir haben unsere Erstlinge hineingelegt, allen Anfang, alles Vertrauen, die Keime zu alledem, was vielleicht einmal werden sollte. Und plötzlich wissen wir: Alles das ist versunken in einem Meer, und wir wissen nicht einmal genau wann. Wir haben es gar nicht bemerkt. Als ob jemand sein ganzes Geld zusammensuchte, sich dafür eine Feder kaufte und sie auf den Hut steckte, hui: der nächste Wind wird sie mitnehmen. Natürlich kommt er zu Hause ohne Feder an, und ihm bleibt nichts übrig, als nachzudenken, wann sie wohl könnte davongeflogen sein.“

„Sie denken daran, Georg?“

„Schon nicht mehr. Ich habe es aufgegeben. Ich beginne irgendwo hinter meinem zehnten Jahr, dort, wo ich aufgehört habe zu beten. Das andere gehört nicht mir.“

„Und wie kommt es dann, daß Sie sich an mich erinnert haben?“

„Darum komme ich ja zu Ihnen. Sie sind der einzige Zeuge jener Zeit. Ich glaubte, ich könnte in Ihnen wiederfinden, – was ich in mir nicht finden kann. Irgendeine Bewegung, ein Wort, einen Namen, an dem etwas hängt – eine Aufklärung –“ Der Doktor senkte den Kopf in seine kalten, unruhigen Hände.

Frau Klara dachte nach: „Ich erinnere mich an so weniges aus meiner Kindheit, als wären tausend Leben dazwischen. Aber jetzt, wie Sie mich so daran mahnen, fällt mir etwas ein. Ein Abend. Sie kamen zu uns, unerwartet; Ihre Eltern waren ausgegangen, ins Theater oder so. Bei uns war alles hell. Mein Vater erwartete einen Gast, einen Verwandten, einen entfernten reichen Verwandten, wenn ich mich recht entsinne. Er sollte kommen aus, aus – ich weiß nicht woher, jedenfalls von weit. Bei uns wartete man schon seit zwei Stunden auf ihn. Die Türen waren offen, die Lampen brannten, die Mutter ging von Zeit zu Zeit und glättete eine Schutzdecke auf dem Sofa, der Vater stand am Fenster. Niemand wagte sich zu setzen, um keinen Stuhl zu verrücken. Da Sie gerade kamen, warteten Sie mit uns. Wir Kinder horchten an der Tür. Und je später es wurde, einen desto wunderbarern Gast erwarteten wir. Ja, wir zitterten sogar, er könnte kommen, ehe er jenen letzten Grad von Herrlichkeit erreicht haben würde, dem er mit jeder Minute seines Ausbleibens näher kam. Wir fürchteten nicht, er könnte überhaupt nicht erscheinen; wir wußten bestimmt: er kommt, aber wir wollten ihm Zeit lassen, groß und mächtig zu werden."

Plötzlich hob der Doktor den Kopf und sagte traurig: „Das also wissen wir beide, daß er nicht kam –. Ich habe es auch nicht vergessen gehabt." „Nein," – bestätigte Klara, „er kam nicht –" Und nach einer Pause: „Aber es war doch schön!" „Was?" „Nun so – das Warten, die vielen Lampen, – die Stille – das Feiertägliche."

Etwas rührte sich im Nebenzimmer. Frau Klara entschuldigte sich für einen Augenblick; und als sie hell und heiter zurückkam, sagte sie: „Wir können dann hineingehen. Er ist jetzt wach und lächelt. – Aber was wollten Sie eben sagen?"

„Ich habe mir eben überlegt, was Ihnen könnte geholfen haben zu – zu sich selbst, zu diesem ruhigen Sichbesitzen. Das Leben hat es Ihnen doch nicht leicht gemacht. Offenbar half Ihnen etwas, was mir fehlt?" „Was sollte das sein, Georg?" Klara setzte sich neben ihn.

„Es ist seltsam; als ich mich zum erstenmal wieder Ihrer erinnerte, vor drei Wochen nachts, auf der Reise, da fiel mir ein: sie war ein frommes Kind. Und jetzt, seit ich Sie gesehen habe, trotzdem Sie so ganz anders sind, als ich erwartete – trotzdem, ich möchte fast sagen, nur noch desto sicherer, empfinde ich, was Sie geführt hat, mitten durch alle Gefahren, war Ihre – Ihre Frömmigkeit.“

„Was nennen Sie Frömmigkeit?“

„Nun, Ihr Verhältnis zu Gott, Ihre Liebe zu ihm, Ihr Glauben.“

Frau Klara schloß die Augen: „Liebe zu Gott? Lassen Sie mich nachdenken.“ Der Doktor betrachtete sie gespannt. Sie schien ihre Gedanken langsam auszusprechen, so wie sie ihr kamen: „Als Kind – hab ich da Gott geliebt? Ich glaube nicht. Ja, ich habe nicht einmal – es hätte mir wie eine wahnsinnige Überhebung – das ist nicht das richtige Wort – wie die größte Sünde geschienen, zu denken: Er ist. Als ob ich ihn damit gezwungen hätte, in mir, in diesem schwachen Kind, mit den lächerlich langen Armen, zu sein, in unserer armen Wohnung, in der alles unecht und lügnerisch war, von den Bronze-Wandtellern aus Papiermaché bis zum Wein in den Flaschen, die so teure Etiketten trugen. Und später–“ Frau Klara machte eine abwehrende Bewegung mit den Händen, und ihre Augen schlossen sich fester, als fürchteten sie, durch die Lider etwas Furchtbares zu sehen – “ich hätte ihn ja hinausdrängen müssen aus mir, wenn er in mir gewohnt hätte damals. Aber ich wußte nichts von ihm. Ich hatte ihn ganz vergessen. Ich hatte alles vergessen. – Erst in Florenz: Als ich zum erstenmal in meinem Leben sah, hörte, fühlte, erkannte und zugleich danken lernte für alles das, da dachte ich wieder an ihn. Überall waren Spuren von ihm. In allen Bildern fand ich Reste von seinem

Lächeln, die Glocken lebten noch von seiner Stimme, und an den Statuen erkannte ich Abdrücke seiner Hände."

„Und da fanden Sie ihn?"

Klara schaute den Doktor mit großen, glücklichen Augen an: „Ich fühlte, daß er war, irgendwann einmal war ... warum hätte ich mehr empfinden sollen? Das war ja schon Überfluß."

Der Doktor stand auf und ging ans Fenster. Man sah ein Stück Feld und die kleine, alte Schwabinger Kirche, darüber Himmel, nicht mehr ganz ohne Abend. Plötzlich fragte Doktor Laßmann, ohne sich umzuwenden: „Und jetzt?" Als keine Antwort kam, kehrte er leise zurück.

„Jetzt –," zögerte Klara, als er gerade vor ihr stand, und hob die Augen voll zu ihm auf: „jetzt denke ich manchmal: Er wird sein."

Der Doktor nahm ihre Hand und behielt sie einen Augenblick. Er schaute so ins Unbestimmte.

„Woran denken Sie, Georg?"

„Ich denke, daß das wieder wie an jenem Abend ist: Sie warten wieder auf den Wunderbaren, auf Gott, und wissen, daß er kommen wird – Und ich komme zufällig dazu –."

Frau Klara erhob sich leicht und heiter. Sie sah sehr jung aus. „Nun, diesmal wollen wirs aber auch abwarten." Sie sagte das so froh und einfach, daß der Doktor lächeln mußte. So führte sie ihn in das andere Zimmer, zu ihrem Kind. –

In dieser Geschichte ist nichts, was Kinder nicht wissen dürfen. Indessen, die Kinder haben sie nicht erfahren. Ich habe sie nur dem Dunkel erzählt, sonst niemandem. Und die Kinder haben Angst vor dem Dunkel, laufen ihm davon, und müssen sie einmal drinnen bleiben, so pressen sie die Augen zusammen und halten sich die Ohren zu. Aber auch für sie wird einmal die Zeit kommen, da sie das Dunkel liebhaben. Sie werden von ihm meine Geschichte empfangen, und dann werden sie sie auch besser verstehen.